Hausmeister beim lieben Gott

Ein Domschweizer erzählt

aufgezeichnet von Gudrun Schmidt

FÜR DEN
DOM

Hausmeister beim lieben Gott

Ein Domschweizer erzählt

aufgezeichnet von

GUDRUN SCHMIDT

J.P. BACHEM VERLAG

Bibliografische Information
Der Deutschen Bibliothek
Die Deutsche Bibliothek verzeichnet diese Publikation
in der Deutschen Nationalbibliografie;
detaillierte bibliografische Daten sind im Internet über
http://dnb.ddb.de abrufbar.

2., überarbeitete Auflage 2006

Lektorat: Astrid Mönnikes
Reproduktionen und Gestaltung:
Reprowerkstatt Wargalla, Köln
Illustrationen: Sabine Voigt
Titelfoto: Robert Boecker
Druck: Druckerei J.P. Bachem GmbH & Co. KG, Köln
Printed in Germany
ISBN 3-7616-1975-8

www.bachem.de

Inhaltsverzeichnis

Vorwort

Der Kölner Dom gehört zu den bekanntesten Kirchen in der Welt, und mit ihm sind auch die Männer in dem roten, langen Mantel mit schwarzem Samtbesatz und einem Holzkasten für Spenden vor dem Bauch bekannt geworden: die Domschweizer.

Papst Paul VI. hat Kardinal Höffner von seinem ersten Dombesuch erzählt: Er war damals junger Priester, und als er die atemberaubende Halle des Domes betrat, warf er die Arme hoch und schrie vor Begeisterung – ein echter Italiener. Unvergesslich blieb dem späteren Papst, dass er sofort von einem Domschweizer mahnend angesprochen wurde, dies sei ein Gotteshaus, man dürfe hier nicht schreien.

Wie Papst Paul VI. werden viele Besucher des Domes Erinnerungen an Domschweizer haben. Wer aber kennt die Erinnerungen der Domschweizer? Was für Persönlichkeiten stecken in den roten Talaren? Was erleben sie?

Wer sich auf das mit viel Liebe von Gudrun Schmidt verfasste Buch einlässt, lernt nicht nur die Domschweizer besser kennen und natürlich den Dom. Es werden kirchliche Gebräuche erklärt und manchmal sogar der Glaube erschlossen. Die Erzählung eines Domschweizers wird bisweilen zur Betrachtung und ist nicht selten ein Krimi.

Wer dieses Büchlein liest, wird die Domschweizer nicht mehr mit dem »lieben Gott« verwechseln, aber auch nie mehr als »dumme Sau« bezeichnen. Der Leser bekommt Respekt vor dem Beruf, und er versteht von Seite zu Seite mehr, warum die Schweizer ihren Beruf und ihren Dom so lieben.

Köln, Oktober 2005

DR. H.C. NORBERT FELDHOFF
Dompropst

Im Vorzimmer des Himmels

Ist das der liebe Gott? fragte heute ein kleiner Junge seinen Vater, als er mich sah. Und gestern verneigte sich ein Japaner bis auf den Boden vor mir mit den Worten: Ich grüße Sie, Herr Kardinal. Ich muss zugeben, dass ich dann kaum mein Lachen verbergen kann. Ebenso, als neulich eine Frau unbedingt bei mir ihre Sünden beichten wollte, weil sie glaubte, ich sei ein Pfarrer.

Aber ich bin kein Pfarrer und erst recht nicht der Kardinal – ganz zu schweigen »der liebe Gott«. Ich bin ein Hausmeister Gottes, ein Schweizer. Und wenn man mich nach meinem Arbeitsplatz fragt, so sage ich: Er ist nicht weit vom Himmel entfernt, ein Vorzimmer sozusagen, oder poetisch ausgedrückt »ein Gebet aus Stein und Glas«, der Dom zu Köln.

Die Bezeichnung *Schweizer* ist vermutlich auf unsere berühmten Kollegen in Rom, die Schweizer Garde, zurückzuführen, nur, dass wir im Gegensatz zu ihnen keine echten Schweizer aus der Schweiz sind und auch nicht den Papst und den Petersdom bewachen, sondern »unseren Dom«. Wir müssen auch

nicht solch eine unbequeme gelb-blau-rote Gala-Uniform mit steifer Halskrause anziehen und dazu einen spanischen Helm mit Federbusch aufsetzen.
Mich erkennen Sie an meinem roten langen Mantel mit dem schwarzen Samtbesatz, vor dem Bauch einen Holzkasten mit einem Schlitz für eine Spende und der Aufschrift »Für den Dom«. Besucher dürfen eine Münze hineinwerfen oder – besser noch – einen Schein, zum Dank dafür, dass sie unsere einzigartige Kathedrale mit all ihren Kostbarkeiten und Schönheiten kostenlos besichtigen dürfen. Und sie finden mich gleich am Eingang, an der *Porta Coeli*, der Himmelspforte, oder auch ganz hinten oder an den Seiteneingängen.
Meine Hauptaufgabe ist es, darauf zu achten, dass jeder, der kommt, die Würde des Gotteshauses respektiert und sich dementsprechend verhält. Das sei doch selbstverständlich, sagen Sie? Ja, eigentlich schon – für Sie und für mich und viele andere. Aber eben nicht für alle. Und so müssen wir einigen dann ein klein wenig Nachhilfe erteilen. Möglichst mit Fingerspitzengefühl. Und wenn das nicht ausreicht, mit etwas Nachdruck.
Aber am besten ist wohl, ich erzählte der Reihe nach, und Sie kommen ganz einfach mit mir mit. Ich verspreche Ihnen, dass es spannend wird.

Domschweizer – da braucht man gute Nerven

Nicht alle, aber die meisten von uns sind Rentner und kommen aus den verschiedensten Berufen. Einige meiner Kollegen waren früher Koch oder haben wie ich bei der Bundesbahn gearbeitet. Ich war Lokomotivführer.

Wie wird man Schweizer im Kölner Dom?

Domschweizer wird man, indem an sich darum bewirbt, oder indem man einen Anruf bekommt und gefragt wird. Allerdings verlangt man von uns nicht – wie zum Beispiel von den Schweizer Kollegen beim Papst – mindestens 1,74 Meter groß zu sein, eine 15-monatige Rekrutenschule absolviert zu haben und bei der Aufnahme nicht älter als 30 Jahre zu sein. Voraussetzungen bei uns am Kölner Dom sind allerdings gute Nerven, ein dickes Fell und Menschenkenntnis. Man sollte darüber hinaus einen ausgezeichneten Leumund haben und katholisch sein – dies aber nicht nur auf dem Papier, sondern aktiv an Gottesdiensten wie auch sonst am kirchlichen Leben teilnehmen. Denn schließlich stellen viele tausend Touristen jeden Tag viele tausend Fragen, bei denen es oft um die katholische Kirche und um unseren Glauben geht. Aber genauso oft geht es auch um ganz »weltliche« Dinge: Wo ist die nächste U-Bahn-Station? Oder: Wie komme ich von hier aus an den Rhein? Wie gelange ich auf die Domtürme?

Domschweizer? Da muss man für geboren sein!

Was würden Sie zum Beispiel machen, wenn plötzlich ein Nackter durch den Dom rennt. Wenn eine betrunkene Frau ihre Schnapsflasche ins Weihwasserbecken stellt. Wenn sich Liebespärchen im Beichtstuhl verstecken. Wenn junge Burschen mit Klebestreifen das Geld aus den Opferstöcken angeln. Wenn sich ein Mann hinter dem Hochaltar zum Schlafen gelegt hat. Wenn ein anderer das Mikrofon aus der Halterung reißt und behauptet, er sei aus dem Krankenhaus entlaufen, weil es ihm dort zu langweilig sei und dabei noch die Nadel vom Tropf im Arm stecken hat?

Diese Beispiele seien erfunden, ich hätte übertrieben, sagen Sie? Mitnichten! Der Dom mit seinen sechs Millionen Besuchern im Jahr – im Sommer sind es während der Ferien manchmal bis zu 30 000 am Tag – ist das meistbesuchte Gebäude in Deutschland und bietet ein aufschlussreiches Spiegelbild der Gesellschaft von heute.

Ein Morgen – ein Mittag – ein Abend im Dom

Heute Morgen ist mir das frühe Aufstehen leicht gefallen. Vier Uhr! Denn ich brauche schließlich meine Zeit, bis ich mich per Fahrrad auf den Weg mache. Andere Schweizer kommen zu Fuß oder mit der S-Bahn. Um halb sechs jedenfalls warten schon die Kollegen der Nachtwache am Nordeingang, damit ich sie ablöse.

Im Winter ist es noch stockdunkel um diese Zeit. Im Sommer geht die Sonne gerade über dem Bahnhof auf. Die Stadt ist noch schweigsam. Nur ein paar von der Nacht Übriggebliebene schnarchen in den Nischen der Gemäuer, manchmal versuchen betrunkene Jugendliche außen an den Domwänden hochzuklettern. Neulich wäre einer beinahe nicht mehr heruntergekommen. Aber normalerweise gibt es um diese Zeit, wenn ich meine Arbeit beginne, noch keine größeren Aufregungen.

Wie ich diese frühe Stunde im Dom genieße! Wenn die Stille von keinem Besuchertrubel unterbrochen wird, wenn die Fenster im Osten im Sonnenlicht golden zu glühen beginnen, wenn ich vor dem Altar ein kurzes Gebet spreche und darum bitte, der liebe Gott möge nur nette und unkomplizierte Besucher schicken, dann fällt mir unwillkürlich das schöne Lied aus dem Gotteslob ein:

Morgenglanz der Ewigkeit,
Licht vom unerschaffnen Lichte,
schick uns diese Morgenzeit
deine Strahlen zu Gesichte,
und vertreib durch deine Macht
unsre Nacht.
Licht, das keinen Abend kennt,
leucht uns, bis der Tag sich neiget.
Christus, wenn der Himmel brennt
und dein Zeichen groß aufsteiget,
führ uns heim aus dem Gericht
in dein Licht.

So, und nun kann der Arbeitstag beginnen. Ich gehe durch die Sakristei und nehme den Fahrstuhl in die zweite Etage. In unserem Schweizerstübchen hängt mein roter Schweizermantel mit dem schwarzen Samtbesatz bereit, im Sommer der leichte, im Winter der schwere, warme. Den ziehe ich über, hänge mir die hölzerne Geldbox mit der Aufschrift »Für den Dom« um den Hals, trinke noch schnell ein Schlückchen Kaffee, nehme meine Schlüssel und fahre wieder hinunter.

Zuerst werfe ich einen Blick auf den Plan, um zu schauen, wer heute Beichte hat. Das ist wichtig, denn gleich kommen die ersten Besucher und fragen danach. Ebenso wichtig: die Beichtkapellen aufschließen, die Schilder mit dem Namen des Dienst habenden Beichtvaters aufhängen! Ich schalte die Beleuchtung und die Lautsprecher ein. Nicht die berühmten Kölner Heinzelmännchen, sondern die Männer der Nachtwache haben uns heute Morgen eine wichtige Arbeit bereits abgenommen und die Altarkerzen angezündet. Ich schließe die Marienkapelle auf und bringe die Absperrseile an, damit um halb sieben die erste Messe ungestört beginnen kann.

Bis zu 15 Messen täglich

Inzwischen ist in der Sakristei – inmitten kostbarer hoher Holzschränke mit filigranen Schnitzereien – der Dienst habende Küster an der Arbeit. Er ist für den Blumenschmuck zuständig, pflegt das Altarsilber, legt die Messgewänder aus, stellt die Kelche zurecht und sorgt dafür, dass stets alles für den nächsten Gottesdienst bereit ist. 15 Messen am Tag – das ist keine Seltenheit. Da sind zum einen die feststehenden mit den Gläubigen, und zum anderen feiern einige Priester still in einer der kleineren Kapellen. Übrigens: 5000 Hostien werden pro Woche für die Messen benötigt.

Einmal allerdings wurden alle Rekorde gebrochen. Da haben die Priester während einer einzigen Messe 4300 Hostien ausgeteilt. Der Dom war mit mehr als 7000 Menschen so voll wie wohl noch nie zuvor während eines Gottesdienstes. So geschehen während der Totenmesse für unseren verstorbenen Papst Johannes Paul II. im April 2005. Aber in jenen Tagen war sowieso alles anders als sonst. Nachdem sich am 2. April, einem Samstagabend, gegen 22:00 Uhr die Nachricht vom Tod des Papstes verbreitet hatte, strömten nachts die Menschen zum Dom, und unserem Dompropst blieb nichts anderes übrig, als ihn spontan zu öffnen. Danach kamen jeden Tag Tausende, um Kerzen anzuzünden, still zu beten und sich in die nicht enden wollende lange Schlange vor dem ausgelegten Kondolenzbuch einzureihen. Drei dicke Wälzer sind voll geworden – mit zu Herzen gehenden Eintragungen. Die meisten hatten nur einen Wunsch: diesem von ihnen so geliebten Papst zu danken.

Der Muttergottes geweiht

Mit dem Gongschlag sechs schließe ich jeden Tag die Türen des Domes auf. Rechts vorne die Turm- oder Peterspforte, links vorne die Dreikönigspforte und an der Bahnhofseite die Maternus-Pforte und die Bonifatius-Pforte. Die Papst- und die Kardinal-Frings-Pforte an der Südseite werden meist nur an besonderen Feiertagen, zum Beispiel während eines Gottesdienstes auf dem Roncalliplatz, geöffnet. Die *Porta Coeli*, die Himmelspforte, in der Mitte des Westportals schließen wir auf, wenn der Erzbischof zum Pontifikalamt empfangen wird. Sie bleibt heute, an einem normalen Wochentag, verschlossen.

Wehe, wir sind mit dem Aufschließen ein paar Sekunden zu spät. Dann ernten wir schiefe Blicke. Denn für unsere fleißigsten Beterinnen kann der Dom nicht früh genug seine Tore öffnen. Sie eilen an uns vorbei geradewegs zur Schmuckmadonna, denn sie haben sich, wie sie mir erzählten, der Mutter Gottes geweiht. Aber sie sind nicht die einzigen, die im Dom still beten. Wie oft während des Tages kommen Menschen, entfliehen einen Augenblick dem Alltagstrubel, setzen sich in eine Bank oder knien andächtig in einer unserer kleinen Kapellen. Einige wischen sich verstohlen ein paar Tränen aus den Augen, andere weinen lautlos, stützen ihren Kopf in die Hand, sprechen leise ein Gebet. Manche sind auf dem Weg zur Arbeit, oder sie kommen gerade von einem wichtigen Termin, zum Beispiel nach einer Scheidung, nach einem Arztbesuch oder davor, um einen Augenblick Zwiesprache mit ihrem Schöpfer zu halten.
Im Leben der Heiligen Edith Stein hat solch eine schlichte Beterin einen prägenden Eindruck hinterlassen. Die Jüdin, zu diesem Zeitpunkt noch nicht

DOM

zum Katholizismus konvertiert, begleitete eine Freundin in eine Kirche. Sie beobachtete, wie eine Bäuerin ebenfalls das Gotteshaus betrat, ihren Korb mit Gemüse neben sich auf die Bank stellte, niederkniete und betete. Was Edith Stein so tief an dieser Szene berührte, war die Selbstverständlichkeit, wie diese Frau aus dem Alltag heraus zu ihrem Gott kam, um mit ihm zu sprechen.
Entschuldigen Sie bitte, aber jetzt ist es höchste Zeit, dass ich die Kartons mit den Opferkerzen verteile.

Viele Lichter für die Madonna

Tausende Kerzen werden täglich von den Gläubigen im Dom angezündet, vor allem vor der Schmuckmadonna. Beliebt ist auch der heilige Antonius von Padua, der Patron der Armen, der Liebenden, der Eheleute, der Bäcker und der Bergleute. Populär ist er vor allem, weil ihm zugeschrieben wird zu helfen, Verlorenes wieder zu finden. Viele Lichter brennen täglich auch vor dem Heiligen Christophorus, dem Patron gegen einen jähen und unbußfertigen Tod, des Verkehrs und der Reisenden. Im Dom steht er – als Riese mit dem Jesuskind auf den Schultern dargestellt – vor der Marienkapelle in der Nähe der südlichen Eingänge. Das ist darauf zurückzuführen, dass früher die Pilger, die nach oft wochenlangen Fußmärschen endlich im »Heiligen Köln« ankamen, von Süden her in den Dom eintraten.

Auf die Kerzenregale müssen wir Schweizer immer ein achtsames Auge werfen. Denn manchmal sind sie so voll »besetzt«, dass einige Besucher, um ihre eigene Kerze noch unterzubringen, die brennenden Lichter übereinander stapeln – mit dem Ergebnis, dass die Flammen in die Höhe schießen und ein regelrechtes Feuer entsteht. Neulich wäre der Heilige Josef fast abgebrannt. Dann müssen wir schnellstens mit einem Feuerlöscher anrücken, damit die Heiligenfiguren nicht vom Ruß angeschwärzt werden oder Feuer fangen.

Einige Besucher wundern sich, dass vor den Kartons mit den Kerzen kein Preis angegeben ist. Das wurde nicht etwa vergessen, sondern hat seinen Grund. Jeder Dombesucher, der für ein besonderes Anliegen ein Licht anzünden möchte, kann es tun und einen ihm angemessenen Betrag dafür spenden. Aber es sollen auch all diejenigen nicht ausgeschlossen werden, die arm sind und kein Geld haben.

Eine Kerze anzuzünden, ist übrigens vielen ein Bedürfnis, wenn sie eine Kirche betreten. Warum sie es tun, darüber denken die meisten gar nicht nach.

Warum zünde ich eine Kerze an?

Die Kerze spricht zu mir. Sie verzehrt sich – getreu ihrer Bestimmung – zu Licht und Glut, und sie mahnt: Laufe auch du deiner Bestimmung nicht weg. Denn der tiefste Sinn deines Lebens ist es, dich in Wahrheit und Liebe für Gott zu verzehren.

Aber auch die Bedeutung für viele andere Symbole ist oft längst in Vergessenheit geraten:

Warum mache ich das Kreuzzeichen?

Für Gläubige ist es das Zeichen der Erlösung. Durch das Kreuzzeichen heiligt Gott den Menschen.

Was sagt das Weihwasser aus?

Etliche fragen auch, welche Bedeutung das Weihwasser hat, mit dem sich Gläubige, wenn sie eine Kirche betreten, bekreuzigen. Ist das nur ein verstaubter Brauch, überholte Tradition? Nein, das ist es nicht. Wer mit dem Weihwasser das Kreuzzeichen macht, stellt sich unter den Schutz Gottes. Das Weihwasser erinnert an die Taufe, durch die der Mensch aus Wasser und dem Heiligen Geist neu geboren wurde.

Was bedeutet der Weihrauch?

Weihrauch reinigt, und wie Weihrauch aufsteigt, mögen auch die Gebete zu Gott aufsteigen, Gebete, die keinen Zweck kennen, sondern Ihn allein in seiner Güte, Gnade und Barmherzigkeit loben.

Warum knie ich nieder?

Der Niederkniende bekennt mit dieser Geste, dass Gott ihn erschaffen hat, und er verneigt sich vor der Größe seines Schöpfers. Joachim Kardinal Meisner

formulierte es treffend in seiner Predigt an einem Fronleichnamstag:
»Ein Mensch auf den Knien vor Gott ist etwas ganz Großes. Hände im Gebet zu falten und niederzuknien, ist der Anfang eines Aufstandes gegen eine Welt, die in Unordnung geraten ist. Denn wer anbetet, steht am richtigen Ort in der Welt. Er hat Sinn für Proportionen und Maß in der Wirklichkeit. Er bejaht, dass er nichts ist und Gott alles ist. Das ist lautere Wahrheit und Gerechtigkeit. Nur wer vor dem Gottmenschen Jesus Christus in der heiligen Eucharistie niederkniet, der kann auch mitten im Leben aufrecht stehen, ohne vor dem Zeitgeist einzuknicken. Anbetung ist der Beginn jedes wahren menschlichen Lebens.«
Eine jüdische Legende erzählt: Zu einem Rabbiner kam eines Tages ein Schüler, der ihn fragte: Früher gab es doch Menschen, die Gott von Angesicht zu Angesicht gesehen und sogar mit ihm gesprochen haben. Warum geschieht dies heute nicht mehr? Daraufhin antwortete der Rabbiner: »Weil sich heute keiner mehr so tief bücken kann.«
Beim Heiligen Johannes vom Kreuz ist nachzulesen:
»Indem ich sank so tief, so tief, erhob ich mich so hoch, so hoch, dass ich mein Ziel erreichen konnte."

(Wer mehr über diese und andere Symbole erfahren möchte, kann bei dem berühmten Theologen Romano Guardini nachlesen. In seinem Büchlein »Von heiligen Zeichen« geht er ausführlich auf alles ein. Es ist im Topos-Verlag erschienen).

»Wo sind die Kings?«

Heute Morgen haben wir Glück. Es ist ruhig, und es sieht so aus, als stünden wir Schweizer nur so ein bisschen in der Gegend herum. Aber auch, wenn im Dom wenig los ist, müssen wir wachsam sein. Ein paar japanische Touristen fotografieren die Fenster. Einige Amerikaner erkundigen sich nach den »Kings« und meinen damit die Gebeine der Heiligen Drei Könige. In der Marienkapelle beginnt die erste Messe. Im Winter ist es dort zu kalt. Anfang November bis Anfang Mai finden die Gottesdienste daher in der Sakramentskapelle statt. Denn die lässt sich heizen.

Neulich fiel uns eine ältere Dame auf. Sie saß vor der 14. Kreuzwegstation und betete – den Blick ganz konzentriert auf Maria gerichtet, die ihren vom Kreuz abgenommenen Sohn in den Armen hält. Wir sahen: Etwas war anders an dieser Frau. Sie zitterte am ganzen Leibe, sie war sehr unruhig und atmete schwer. Sie schien einen Arzt zu benötigen. Noch ehe wir Hilfe holen konnten, starb sie. Wir erleben ja viel im Dom. Doch das hat uns sehr nachdenklich gestimmt.

Gegen zehn Uhr gleicht unser stiller, feierlicher Dom eher einem Bienenhaus. Schulklassen stellen sich zum

Rundgang auf. Menschen aus aller Welt flanieren durch die Gänge. Wir registrieren keine besonderen Vorkommnisse. Nur die üblichen »Kleinigkeiten«, so dass wir uns den Mund fusselig reden: Bitte die Kopfbedeckung abnehmen – Nein, das Handy muss ausgeschaltet werden – Der Dom ist keine Imbissbude – Bitte nehmen Sie doch die Füße von der Bank – Ja, der Südturm ist für Besucher geöffnet – Das Kaugummi spuckt man nicht auf den Boden – Die Heiligenfiguren sind nicht zum Spielen da – Man bricht ihnen auch keine Stücke ab!
Manche wollen auch wissen, was sie tun müssen, um in die Kirche einzutreten. Andere fragen nach »dem Priester«. Doch die wollen meist keinen »geistlichen Beistand«, sondern Geld. In vielen Fällen können wir auf das gegenüberliegende Domforum verweisen. Dort gibt es Fachleute, die gern weiterhelfen, wenn wir mit unserem Latein am Ende sind. Auch Domschweizer sind schließlich nur Menschen und können nicht alles wissen. Um 14:00 Uhr übrigens habe ich heute Feierabend. Dann kommen die Kollegen von der Nachmittagsschicht. Sie haben bis 19.30 Uhr Dienst.

Schwieriger Feierabend

Wenn der Arbeitstag vergeht, ohne dass wir als »dumme Sau« beschimpft, von Schlägern bedroht oder von Randalierern herausgefordert werden, können wir abends aufatmen. Dann bleibt nur noch die komplizierte Aufgabe, um halb acht den Dom zu schließen. Und das ist noch einmal eine Sisyphus-Arbeit. Denn einige können sich offenbar gar nicht trennen, müssen unbedingt noch der Schmuckmadonna einen Besuch abstatten, dem Heiligen Josef eine Kerze anzünden, das Bayernfenster sorgfältig betrachten, die verlorene Brille unter der Bank suchen … während die Kollegen an den Eingangstüren gegen den Ansturm derer ankämpfen, die ihren Fuß in die Tür schieben, um in letzter Minute noch den Eintritt mit Gewalt zu erzwingen, weil sie »extra aus Berlin gekommen sind, um den Kölner Dom zu sehen, und gerade jetzt macht er zu«, die es »unverschämt« finden, dass der Dom überhaupt abends schließt, da er doch die ganze Nacht offen sein müsste, und die erst durch die Stadt gebummelt sind, bevor ihnen plötzlich einfiel, dass es da ja noch den Dom zu besichtigen gibt.

Wenn dann tatsächlich Feierabend im Dom ist, schauen wir noch einmal sorgfältig unter allen Bänken, in allen Beichtstühlen und allen Ecken nach, ob sich da vielleicht nicht doch noch jemand verborgen hält. Wen wir nicht finden, den entdecken dann hoffentlich unsere Kollegen vom Nachtdienst – wie vor einiger Zeit, als die das Gefühl nicht loswurden, dass da »irgendwer« noch »irgendwo« versteckt ist.

Heimliches Abendmahl

Zunächst konnten sie nichts entdecken, so sehr sie auch fahndeten. Doch um Mitternacht hätten sie allen Grund gehabt anzunehmen, auch im Dom sei neuerdings Geisterstunde. Schlenderten da doch zwei Gestalten durch das Mittelschiff auf den Altar zu. Die Nachtwache beschloss, die Sache vorsichtshalber zu überprüfen. Doch plötzlich waren die Gestalten wieder verschwunden. Aber so ganz unsichtbar konnten sie sich dann doch nicht machen. Waren das nicht zwei Paar Schuhe, die unter einem Brett hervorlugten? Tatsächlich, und zu den Schuhen gehörten ein junger Mann und eine junge Frau aus Fleisch und Blut, eine evangelische Pfarrerstochter und ihr Freund aus Hamburg. Reumütig erzählten sie, dass sie sich ihren sehnlichsten Wunsch erfüllen wollten: im Kölner Dom Abendmahl feiern, zu zweit und um Mitternacht. Gedacht, geplant und – nach sorgfältiger Vorbereitung mit Beten und Fasten – waren sie zur Tat geschritten und nach Köln gereist. Im Dom mischten sie sich unter die Touristen und ließen sich nach Feierabend in die Kathedrale einschließen. Im Gepäck: ein Schlafsack, Musik von Bach und von der Rock-Gruppe »Ton, Steine, Scherben« sowie eine Flasche Rotwein für das Abendmahl. Aber da sie ihre Rechnung nicht mit den wachsamen Domschweizern gemacht hatten, wurde nichts aus dem nächtlichen Abendmahl im Kölner Dom. »Ein kindlicher

Versuch von Frömmigkeit«, meinte man im Kölner Generalvikariat und ließ die Angelegenheit auf sich beruhen.
Wundern Sie sich über diese Geschichte wirklich? Ich finde, sie passt zu unserem Dom. Stellen Sie sich nur einmal vor: Genau hier, wo die Kathedrale heute steht, ist schon seit mehr als 1000 Jahren gebetet worden. Das kann meiner Ansicht nach nicht ohne Wirkung bleiben, ja das muss wohl eine »mystische« Anziehungskraft haben. Die reicht offenbar sogar bis Hamburg.

Heimat für Eremiten

Es gab aber tatsächlich schon Menschen, die im Dom auch übernachten durften, denn es ist belegt, dass er Heimstatt für Eremiten war. Etliche von uns können sich noch gut an Bruder Angelicus erinnern. Er lebte neben der Sakramentskapelle in einer kleinen Stube still und bescheiden sein Mönchsleben, stets die Heiligen Drei Könige vor Augen, stets Zeuge der vielen Gebete und Messen, aber auch der vielen Millionen Besucher, die tagsüber für Trubel statt Andacht sorgen.
Aber da war auch Bruder Josaphat, der mit weltlichem Namen Georg Kirchner hieß. Er betreute die Schatzkammer und erklärte so manchem Besucher die Besonderheiten des Domes. Seine literarischen Arbeiten sind Zeugnisse seiner großen Liebe zum Dom,

dem er auch in den schweren Jahren des Krieges treu blieb, und für den er sogar sein Leben riskierte. Erzbischof Josef Kardinal Frings war von so viel Mut und Liebe zum Dom zutiefst beeindruckt und erzählte Papst Pius XII. von Bruder Josaphat und seinem Einsatz. Daraufhin segnete der Papst den Franziskaner, weil er »während des ganzen Krieges der eigenen Lebensgefahr ungeachtet Tag und Nacht sich in der Kathedrale aufhielt, um seines Amtes zu walten und Kriegsschäden abzuwehren«.

Wanderfalken gegen Tauben

Da wir gerade von Dombewohnern sprechen: Auch ein Wanderfalkenpaar lebt im Dom, genauer: im Turm. Es soll – sozusagen als Gegenleistung für die Beherbergung – die Tauben bekämpfen, die dem Gebäude mit ihrem Kot viel Schaden zufügen. Als die Dombauverwaltung das erste Wanderfalkenpaar im Jahr 1979 ansiedelte, hatte sie Pech: Das Paar tat das, was sein Name besagt: es wanderte, kaum dass es zwischen den Türmen ausgesetzt war, wieder fort. Erst der Nachwuchs der Tiere – geboren übrigens in der Agneskirche – richtete sich im Dom ein, führt – wie erwartet – seinen Kampf gegen Tauben und vermehrt sich wunschgemäß.

Der Feiertag mit dem Kardinal

Ein Domschweizer hat keinen geregelten Arbeitstag von 9:00 bis 16:00 Uhr. Ein Domschweizer hat Frühdienst, Spätdienst, Nachtdienst und Samstags- und Sonntagsdienst, von den Feiertagen ganz zu schweigen. Denn die haben es in sich, vor allem, wenn der Herr Kardinal persönlich das Hochamt feiert. Dann gilt ganz besonders: Es muss alles reibungslos klappen. Aber das sagt sich so leicht.

Zwischen der Neun-Uhr-Messe und dem Hochamt um zehn Uhr ist der Trubel oft groß, und wir müssen unsere Augen überall haben. Neulich hatten sich zwei Studenten mit Gitarre im Chorgestühl eingerichtet, ausgerechnet da, wo wenige Minuten später die Domherren Platz nehmen wollten. Die beiden hatten sich in den Kopf gesetzt, den Organisten zu entlasten und ein bisschen zu musizieren. Sie staunten sehr, dass wir darüber nicht erfreut waren.

Kaum war dieses Problem gelöst, da entdeckte ich einen Mann, der auf dem Boden lag. Als ich ihn fragte, ob er krank sei, meinte er nur: »Ich bin tot.« Er war nicht zu bewegen aufzustehen. Es blieb uns nichts anderes übrig, als ihm mit Geduld zwar, aber auch mit Nachdruck, Beine zu machen.

Der Kardinal geht verloren

Kurz vor zehn an besonderen Sonn- und Feiertagen hat einer von uns die Aufgabe, den eintreffenden Herrn Kardinal vom Auto abzuholen und feierlich in den Dom zu geleiten. Ich bewundere dann immer den Kollegen, dem diese Ehre zuteil wird. Wie fein er seinen roten Talar zurechtzupft, wie würdevoll er schreitet, und wie elegant er plötzlich aussehen kann mit seinem schwarzen Birett, das für diesen Anlass zu tragen vorgeschrieben ist, und wie grazil er den Kapitelsstab hält. Dabei ist es gar nicht so einfach wie es klingt, den Kardinal abzuholen.

Der Hohe Herr geht nämlich auf dieser kurzen Strecke zwischen Auto und Dom gern verloren, man hat ihn plötzlich nicht mehr hinter sich, weil er auf dem Domvorplatz noch Hände schüttelt, freundliche Worte wechselt und Kindern über das Haar streicht. Um nicht mutterseelenallein durch die Himmelspforte zu schreiten, heißt es, die Messdiener zurückzupfeifen und geduldig zu warten.

Ehrlich gesagt, ich fühle mich dieser hervorgehobenen Aufgabe noch nicht gewachsen und begnüge mich damit, vorher die Porta Coeli für diesen feierlichen Einzug zu öffnen. Dass dies allerdings auch so seine Tücken haben kann, musste ich kürzlich erfahren.

Der Schlüssel brach im Schloss ab. Wie die Weltmeister haben wir mit Hammer und Meißel gearbeitet, bis die Tür dann endlich aufsprang, gerade noch rechtzeitig, bevor mein Kollege mit dem Herrn Kardinal hindurch schreiten konnte (der übrigens nichts von unseren Schwierigkeiten bemerkt hat). Künftig weiß ich: rechtzeitig die Tür kontrollieren, damit so etwas nicht wieder passiert und das festliche Hochamt pünktlich beginnen kann!

Nur ein kurzer Segen

Unsere Kollegen, die Küster, haben in der Sakristei unter den rund 500 liturgischen Gewändern aus dem 15. bis 20. Jahrhundert schon die passenden für den Kardinal und seine Konzelebranten herausgelegt. Die Farbe richtet sich nach dem jeweiligen Feiertag. An hohen Festen wird Weiß getragen, an Sonntagen im Jahreskreis und an Wochentagen Grün, an Gedenktagen Weiß oder Rot, in Bußzeiten Violett und zur Totenmesse Schwarz. Aber diese Messgewänder haben nicht nur unterschiedliche Farben und Bedeutungen, sie sind auch unterschiedlich schwer, und wir wissen: Wenn eines der besonders schweren Stücke dran ist, dann müssen sich die Gläubigen mit einem »kürzeren Segen« zufrieden geben. Denn manche Gewänder wiegen so viel, dass sie dem Kardinal oder dem jeweiligen Geistlichen die Kräfte eines olympischen Athleten abverlangen.

Die Königin unter den Messgewändern im Kölner Dom ist jedoch die *Capella Clementina* mit ihren Gewändern und Zubehörteilen. Sie wurde nach dem Kölner Kurfürst und Erzbischof Clemens August von Wittelsbach benannt, der sie 1742 für die Kaiserkrönung seines Bruders Karl VII. in Paris anfertigen ließ. Nach der Krönung kam der Ornat, der aufgrund seiner einzigartigen Goldstickerei 15 Kilo auf die Waage bringt, an den Kölner Dom. Allerdings gelangt er selten ans Licht der Kölner Öffentlichkeit. Nur noch während der festlichen Fronleichnamsprozession wird er für eine kurze Zeit vom Kardinal getragen. Sonst bleibt die *Capella Clementina* gut verwahrt, und man sagt, sie sei so einzigartig und kostbar, dass sich selbst die Motten nicht an sie heranwagen. Wer einen Hauch ihrer Eleganz erleben will, der muss sich in die Domschatzkammer begeben. Dort sind ein Chormantel der *Capella Clementina* sowie fünf Mitren, die zu ihr gehören, ausgestellt.

Das Wort *Capella* ist lateinisch und bedeutet ursprünglich »kleiner Mantel«. Es ist die Verkleinerungsform vom spätlateinischen *Cappa*, das wiederum eine Art Kopfbedeckung bedeutet: Mantel mit Kapuze. Der Wandel der Bedeutung von Mantel zu Kapelle stammt aus der Zeit der fränkischen Könige, die den Mantel des Heiligen Martin von Tours als Reliquie in einem privaten Heiligtum aufbewahrten. Dieses Heiligtum bekam den Namen *Capella*. Seit dem siebten Jahrhundert ging dann die Bezeichnung *Capella* auf jedes kleinere Gotteshaus (ohne eigene Geistlichkeit) über. Die *Capella Clementina* ist also ein kleiner Mantel.

Berühmter »Decker Pitter«

Zu den besonderen Festtagen in Köln gehört aber auch *er – d'r decke Pitter*. Nur Nicht-Kölner könnten ihn für einen übermäßig beleibten Zeitgenossen halten. *D'r decke Pitter* ist die ehrwürdige St.-Peters-Glocke. 1923 in Apolda in Thüringen gegossen, ist sie die wohl berühmteste der zehn Glocken im Kölner Dom. Wer sie zum ersten Mal mit dem Spitznamen *Decker Pitter* bedacht hat, weiß heute keiner mehr. Jedenfalls sagt man, sie sei die größte frei schwingende Glocke der Welt. Wenn ihr mächtiges »C« ertönt, dann scheint die gesamte Kölner Innenstadt zu vibrieren. Immerhin bringt sie 24 000 Kilo auf die Waage. Um sie zu läuten, waren früher 50 Soldaten erforderlich, die aus Deutz herbeigeholt wurden. Heute geschieht das Läuten elektrisch.

»Wann können wir den *decken Pitter* hören?« werden wir täglich von Dombesuchern gefragt. Doch die muss ich vertrösten – auf den Vorabend des nächsten großen Feiertages oder auf ein besonderes Ereignis. Das wäre zum Beispiel Tod und Wahl eines Papstes oder eines Kölner Erzbischofs. Geläutet hat diese einzigartige Glocke, die der Kölner Erzbischof Schulte bei ihrer Weihe »Friedensglocke« nannte, auch zum Ende des Zweiten Weltkrieges, am Tag der Wiedervereinigung 1990 und zur 750-Jahr-Feier des Kölner Domes. – Wenn meine Frau im Urlaub mit einem leisen Seufzer bekennt: »Der einzige, der mir fehlt, ist der *decke Pitter*«, dann schauen manche Leute etwas irritiert. Ich weiß aber, dass ich nicht eifersüchtig sein muss.

Hände sprechen Bände

Domschweizer sollen auch ein »einnehmendes Wesen« haben. Scherz beiseite: Zu ihren Aufgaben gehört es, nach dem Fürbittengebet den Klingelbeutel herumzureichen, der heute längst kein Beutel mehr ist, sondern ein Körbchen. Ich mache dann immer so meine Studien – natürlich ganz unauffällig.

Da sind die einen, die immer so tun, als sähen sie mich nicht, oder als beteten sie ganz inbrünstig. Und da sind die anderen, die brav ihren Euro abliefern – oder auch zwei Euro oder fünf oder zehn, manchmal auch fünfzig oder hundert. Andere tun es mit mürrischem Gesicht, wiederum andere mit fröhlicher, mit gedankenverlorener, mit andächtiger, mit zerstreuter oder mit konzentrierter Miene.

Der einstige Domprediger, der Dominikanerpater Rudolf Stertenbrink, hat in einem seiner vielen Bücher geschildert, wie interessant und vielsagend es auch sein kann, Hände zu beobachten: die feinen,

gepflegten, die abgearbeiteten, die zittrigen, die lockeren, die ernsten und zögernden, die mit von Gicht gekrümmten Fingern, jede von ihnen der Ausdruck eines gelebten Lebens. Ich bin fest überzeugt, dass sich die Seele nicht nur in den Augen, im Gesicht ausdrückt, sondern auch in den Händen – auch zum Beispiel durch die Art, wie jemand seine Gabe in das Körbchen legt: herzlich, lieblos, gleichgültig, gesammelt, nervös, langsam oder schnell.
In einer Predigt hat Pater Stertenbrink an das Abendmahlsbild von Leonardo da Vinci erinnert, das an der Abschlusswand des Klosterrefektoriums von *Santa Maria delle Grazie* in Mailand zu sehen ist. Es stellt die Aufregung an der Abendmahlstafel dar, als Jesus sagte: »Einer ist unter euch, der mich verrät!« Johann Wolfgang von Goethe habe in seiner Betrachtung zu diesem Kunstwerk die Bewegung der Hände als das »große Mittel« hervorgehoben, durch das der Künstler dieses Bild hauptsächlich belebte.

(Rudolf Stertenbrink: In Bildern und Beispielen, Exemplarische Texte zur Besinnung und Verkündigung, 4 Bände, Herder-Verlag).

Die Rente im Opferstock

Vor einiger Zeit hatten wir einen auffallend großzügigen Spender, der einen unserer Opferstöcke beglückte. Der Betrag befand sich in einem Briefumschlag und war so üppig, dass wir stutzig wurden Nach ein paar Wochen entdeckten wir in demselben Opferstock wiederum eine Tüte mit der gleichen Summe und ein paar Wochen später noch einmal. Da konnte irgendetwas nicht stimmen! Wir hatten richtig vermutet. Kurz darauf fragte ein Ehepaar an, ob sich in unseren Opferstöcken hin und wieder ein größerer Geldbetrag befunden hätte. Ihr kranker Sohn habe seine gesamte Rente, die er sich regelmäßig aus Köln abhole, vermutlich in den Dom gebracht.

Eine komplizierte Sache! Denn Vorschriften besagen, dass das Geld, das sich im Opferstock befindet, für genau den Zweck verwendet werden muss, für den gesammelt wurde. Ich weiß nicht, wie der Herr Dompropst die Angelegenheit geregelt hat, aber ich weiß, dass er sie gut und gerecht geregelt hat. Ich jedenfalls war froh, dass ich für solch einen schwierigen Fall nicht die Verantwortung zu tragen hatte.

Die ganze Welt zu Besuch im Dom

Der Dom ist kein Museum und kein Kunsttempel. Der Dom ist ein Gotteshaus, ein Haus, das unsere Vorfahren zur Ehre Gottes gebaut haben. Ich betrete es mit Ehrfurcht und benehme mich dementsprechend. Die meisten unserer Besucher machen es ebenso. Unsere Arbeit als Domschweizer wäre die schönste der Welt, unser Dom für uns das Paradies auf Erden, wären da nicht doch hin und wieder einige, die das anders sehen und es offensichtlich darauf anlegen, unsere Engelsgeduld zu testen. Aber warum soll es in unserem Dom anders zugehen als in der Welt draußen! Auch bei uns im Dom ist das Publikum bunt gemischt – und ganz international. Die Welt ist jeden Tag im Dom zu Besuch.
Die Amerikaner sind besonders wissensdurstig. Von wie vielen Bomben wurde »the cathredral« getroffen? fragen die meisten. Die Polen erkundigen sich, wo sie das Grabmal ihrer einstigen Königin, der Seligen Richeza, finden können, die um das Jahr 1000 lebte und dem Dom einst eine Heizungsrente vermachte. Die Japaner wollen den Dom am liebsten in

drei Minuten »machen« und fotografieren in aller Schnelle.
Ihnen würde ich gern die Geschichte von dem chinesischen Professor erzählen, der nach Berlin kam und von einem deutschen Kollegen am Bahnhof erwartet wurde. Als beide zum großen Bahnhofsvorplatz kamen, sah der Deutsche den Bus an der Haltestelle. Schnell ergriff er die Hand des Chinesen. »Kommen Sie rasch«, rief er ihm zu. Die beiden liefen hastig über den Platz und stiegen eilig in den Bus, der sich – kaum, dass sie ihn erreicht hatten – in Bewegung setzte. Aufatmend schaute der Deutsche auf die Uhr und sagte: »Gott sei Dank! Jetzt haben wir zehn Minuten gewonnen!« Der Chinese aber fragte ihn mit sanfter Stimme: »Und was machen wir mit diesen zehn Minuten?«

(Wladimir Lindenberg: Die Menschheit betet, Praktiken der Meditation in der Welt, Ernst Reinhardt Verlag).

Südländer tauschen ihre Eindrücke meist geräuschvoll aus, und Moslems bemerken hin und wieder: In 20 Jahren ist dies sowieso eine Moschee! Tatsächlich existiert eine Ansichtskarte vom Kölner Dom, die recht exotisch anmutet: Zwischen den beiden Türmen der fensterlosen Kathedrale ragt die Kuppel einer Moschee heraus. Franzosen wandern gern mit Kunstführern herum und sehen damit ganz wichtig aus. Iren interessieren sich vor allem, wann die Messen stattfinden, während deutsche Besucher häufig wissen wollen, wo sich denn wohl das Grab vom Millowitsch befindet.

Einige von uns sprechen etwas englisch oder französisch und wenn es sein muss, auch ein bisschen schwedisch. Ich kann kein ausländisch. Trotzdem werde ich mit Ausländern gut fertig, denn ich habe schließlich eine ganze Portion Erfahrung. Fragt einer, wo der Eingang zum Turm ist, dann antworte ich mit einer Mischung aus Kölsch und Englisch: »Go da rus – und dann nach left«. Oder meine Standardsätze: »Only for confession – not possible today«. Auch die Uhrzeit bringe ich zur Not noch raus: »half past six« – oder so. Bisher haben mich immer alle verstanden.

Mit viel Geduld

Nur manchmal treffe ich auf eine merkwürdige Schwerhörigkeit. Zum Beispiel, wenn es darum geht, dass Männer beim Betreten des Domes die Kopfbedeckung abzunehmen haben. Einige folgen zwar, wenn ich sie ermahne, aber sobald ich in eine andere Richtung schaue, setzen sie sie wieder auf. Dabei ist es doch – so meine ich jedenfalls – für jeden kultivierten Menschen selbstverständlich, dass er – wenn er sich religiösen Gepflogenheiten schon nicht anpassen will, wenigstens der Höflichkeit gehorcht.

Die Schuhe ausgezogen

Vor ein paar Jahren bin ich durch Indien gereist. Ganz klar, dass mich die vielen Tempel und Moscheen ganz besonders interessierten. Tausendmal habe ich die Schuhe ausgezogen und bin barfuß oder in Socken über schmierige und klebrige Tempelfußböden gelaufen – klebrig, weil Brahmapriester an die Gläubigen süße Reiskörner verteilen, die ihnen Glück bringen sollen. Das Glück liegt dann bunt verstreut auf dem Fußboden. Und wie oft bin ich durch Blutlachen gewatet, weil das Blut von Opfertieren den Boden bedeckte. Hätte ich meine Schuhe anbehalten, wäre ich wohl sehr schnell und sehr unsanft hinauskomplimentiert worden. Und das mit Recht.

Im tiefen Süden des Landes entdeckte ich eines Tages einen einsamen Tempel. Da ich den Rest meiner Reise nicht ohne Schuhe zurücklegen wollte, ließ ich sie vorsichtshalber nicht vor der Tür stehen, sondern ich zog sie aus und lehnte sie, damit sie nicht den Boden des Tempels berührten, an die Wand. Und so saß ich gedankenverloren, barfuß und allein mitten in dem Hindu-Heiligtum. Nach einer Weile tippte mir jemand sanft auf die Schulter. Wie aus dem Nichts war ein junger Mann aufgetaucht, der höflich bat, ich möge doch meine Schuhe – bitteschön – nach draußen stellen. Was ich dann natürlich sofort tat. Sie waren hinterher noch da.

Hat nicht Moses vor dem brennenden Dornbusch

seine Schuhe ausgezogen, weil er sich *auf heiligem Boden* befand? In vielen Kulturen gilt das Tragen von Schuhen als Zeichen des *Herr seins.*

In Frack und Zylinder

In unseren Kirchen brauchen wir die Schuhe nicht auszuziehen. Aber eigentlich sollte jeder wissen, dass er sich zumindest dezent kleidet, wenn er ein Gotteshaus betritt.

Manche werden sich vielleicht noch daran erinnern, dass die Großeltern nur im Sonntagsstaat, der Großvater oft sogar in Frack und Zylinder zur Kirche gingen. Und kleide ich mich nicht auch heute noch besonders sorgfältig, vielleicht sogar festlich, wenn ich eingeladen bin und jemand besuche? Wobei es einen feinen Unterschied macht, ob ich mich *anziehe* oder *kleide.* Meine Kleidung sagt viel über mich und meinen Charakter aus. Womit nicht der Preis des Kleidungsstückes ausschlaggebend ist. Das Äußere ist das Innere, das Innere ist das Äußere.

Manchmal mit Tränengas

Unsere *römischen Kollegen* von der Schweizer Garde werden niemand in Shorts oder *heißen Höschen* in den Petersdom hinein lassen, ebenso keinen, der seine nackten Schultern nicht wenigstens mit einem Tuch bedeckt. Die Zeiten, in denen sie den Papst unter Einsatz ihres Lebens vor marodierenden Truppen

Kaiser Karls V. schützen mussten, sind zum Glück schon fast 500 Jahre vorbei. Aber auch heute sind die Schweizer des Papstes – genau wie wir Schweizer hier in Köln – hin und wieder gezwungen, etwas härter einzuschreiten. Denn angriffs- bis kampfesfreudige Besucher legen es regelrecht darauf an. Für besonders gravierende Fälle sind die Schweizer Gardisten mit Tränengas ausgestattet. Und man sagt, wer einmal von ihnen wegen ungehörigen Benehmens oder allzu offen gezeigter Angriffslust einen Handkantenschlag erhalten habe, werde es so schnell nicht vergessen … Wir Schweizer im Kölner Dom sind zwar nicht mit Tränengas ausgerüstet und verteilen auch keine Handkantenschläge. Aber auch unser Dom ist Gottes Haus und seine Ordnung muss manchmal mit härteren Bandagen verteidigt werden, wenn wir mit Milde nicht weiterkommen.

Neulich zog ein Besucher sogar ein Messer und zischte: »Lass mich in Ruhe, sonst jage ich dir das Ding zwischen die Rippen!« Mein Kollege, der ihn lediglich gebeten hatte, seine Mütze abzunehmen, behielt die Nerven und redete besänftigend auf den Wildgewordenen ein. Als das Messer auf den Boden fiel, nahm er es an sich. Noch mal davongekommen – kann man da nur sagen.

Aber es gibt auch andere gefährliche Situationen. Wenn junge Männer vor oder nach Fußballspielen lärmend in Horden auftreten und sich stark fühlen.

Sie packen im Dom ihre Koteletts aus, stellen die Bierflaschen auf die Bank und wollen Picknick halten. Wenn es hart auf hart kommt, kann sich unsere Auseinandersetzung mit renitenten Besuchern zur Schlägerei hochschaukeln. Da wir weder Schwarzenegger heißen noch Terminator-Qualitäten haben, weder Judo noch Nahkampf beherrschen, holen wir, wenn es allzu brenzlig wird, vorsichtshalber die Polizei zu Hilfe.

Der Dom ist keine Badeanstalt

Im Sommer verwechseln uns einige Besucher offensichtlich mit dem Freibad. Neulich wollte eine Frau im Badeanzug den Dom besuchen. Da habe ich sie mit der Bemerkung weggeschickt: »Die Badeanstalt ist in Müngersdorf.« In den meisten Fällen reicht eine dezente Ermahnung, und wenn die nicht verstanden wird, ziehen wir Domschweizer – wie der Schiedsrichter auf dem Fußballplatz – die »rote Karte«. Es ist tatsächlich ein rotes Kärtchen, das wir den Uneinsichtigen überreichen. Von wegen »nix verstehen«! In drei Sprachen ist darauf zu lesen: »Die Domschweizer sind durch das Domkapitel angewiesen, Personen, die durch ihre Kleidung im Dom Anstoß erregen, zum Verlassen des Gotteshauses aufzufordern. Hierdurch werden Sie höflich gebeten, den Dom zu verlassen.«

Unsere Arbeit hier im Dom ist manchmal gar nicht so leicht. Vor allem, wenn jemand mit harmloser Miene erklärt, er könne seine Kopfbedeckung nicht abnehmen. Er trage aus religiösen Gründen einen Turban. Was meinen Sie wohl, wie gut wir inzwischen die echten von den unechten Turbanen unterscheiden können!

Weinen im Dom erlaubt

Die ganz Ausgebufften, die wir zur Ordnung rufen müssen, drohen damit, sich bei unserem Chef zu beschweren. Denen geben wir dann gleich die Adresse. Einige schreiben tatsächlich. Und manche schreiben auch der Zeitung. Dann liest man am nächsten Tag zum Beispiel in dicken Lettern: Domschweizer werfen Frau raus – weil sie zu laut weinte!
Ja, darf man im Dom nicht mehr weinen?
Man darf natürlich. Doch muss der Einwand erlaubt sein, dass es letztlich auf die Lautstärke ankommt.
Jene arme Frau »mit großen blauen Augen« – so die Zeitung, hatte mit ihrem Freund die Orgelfeierstunde besucht. Die Zeitung weiter: »Doch plötzlich stiegen Tränen in ihr auf, sie schluchzte. Sie dachte an die familiären Probleme, die ihr seit Wochen das Leben schwer machen. Ihr Freund wollte sie trösten, umarmte sie.« »Das ist hier kein Theater«, habe mein Kollege behauptet, bevor er die bedauernswerte Schluchzende »wegen zu lauten Weinens« des Domes verwiesen habe. Die Zeitung vorwurfsvoll: »Das hat mit christlicher Nächstenliebe nichts zu tun.«

Was macht man mir eigentlich zum Vorwurf? fragte die des Domes Verwiesene in Briefen an den Kardinal, an den Dompfarrer und den Dompropst. Schließlich sei sie eine gläubige Christin und habe vor dem Konzert gebetet und eine Kerze angezündet. – Fragen Sie mich bitte nicht nach meinem Kommentar!
Unser Dompropst, so meine ich, hat mit seiner Antwort den Nagel auf den Kopf getroffen. »Grundsätzlich«, so schrieb er weise, « ist der Dom auch ein Ort für vielfältige Trauer – aber sie sollte sich vielleicht nicht so explosiv entladen.« – Ich jedenfalls bin überzeugt, dass die Besucher der Orgelfeierstunde das Konzert ohne die Schluchz-Einlagen der »von Traurigkeit übermannten« Besucherin anschließend doppelt genossen haben. Wetten?

Unter die Räuber geraten

Einer unserer Kollegen feiert zurzeit noch krank. Betriebsunfall! Ein Engländer hatte ihn um Hilfe gebeten, weil eine junge Taschendiebin versucht hatte, seiner Frau die Geldbörse zu stehlen. Als er die Diebin festhalten wollte, war sie in der Menge verschwunden. Doch nach einigen Minuten war sie durch das Westportal wieder in den Dom gekommen – offensichtlich, um ihr nächstes Opfer auszuspähen. Was meinen Sie wohl, wie schnell mein Kollege sie am Kragen hatte! Heldenmütig hielt er sie fest, obwohl sie so heftig um sich schlug und trat und biss, dass er nach diesem Zweikampf aus tiefen Wunden blutete. Im Krankenhaus dachten sie schon, er sei unter die Räuber gefallen – was ja irgendwie sogar stimmte. Nachdem man ihn notärztlich versorgt hatte, durfte er nach Hause. Dort pflegt ihn jetzt seine Frau, bis er wieder fit ist.

Die »Tasna-Mafia« kommt

Aber zum Glück fließt bei solchen Auseinandersetzungen nicht immer gleich Blut. Wenn die *Tasna-Mafia*, die Taschen-Mafia, auftaucht, dann gehen wir alle in Alarmstellung. Denn das sind Kinder, die von Kriminellen zum Stehlen abgerichtet und in den Dom geschickt werden. Als noch Drehtüren in die Kathedrale führten, haben sie ihre Opfer schon dort im Gedränge um ihre Brieftaschen, Pässe, Tickets oder Geldbörsen erleichtert. Die kleinen Diebe sind flink wie die Wiesel. Sie kommen, stehlen und verschwinden, um dann wieder zurückzukommen und erneut Beute zu machen. Seit einigen Jahren gibt es zum Glück diese Drehtüren nicht mehr, weil sie eine große Unfallgefahr darstellten, aber auch, weil sie Dieben und Handtaschenräubern die besten Möglichkeiten boten.

Sobald wir die kleinen Diebe bei der Tat erwischen, packen wir sie beim Kragen und holen die Polizei. Die registriert zwar den Vorfall, muss sie aber meist wieder laufen lassen, weil sie als Kinder nicht bestraft

werden können. Etliche der älteren Frauen, die draußen vor dem Dom sitzen und betteln, meist mit einem schlafenden Kleinkind im Arm, gehören offensichtlich einer anderen Mafia an. Uns fällt immer wieder auf, dass sie abends von Männern in dicken Autos abgeholt werden, und manch eine angeblich Gelähmte ist dann plötzlich wieder gut zu Fuß.
Wenn nur die Dombesucherinnen wüssten, wie wichtig es ist, die Handtasche ganz fest an sich zu drücken, möglichst mit der Lasche nach innen! Als ich neulich eine Dame ermahnte, auf ihre Tasche zu achten, schimpfte sie nur schlechtgelaunt: »Das geht Sie gar nichts an.« Viele sind in dieser Hinsicht wirklich sehr leichtsinnig. Wie oft stehen aufgelöste Touristinnen vor mir, weil ihnen alles gestohlen wurde. Manchmal findet die Polizei die Brieftasche oder Geldbörse später in einem Gebüsch – aber natürlich leer.

Etliche blaue Flecke

Auch mich hätte es neulich beinahe erwischt. Wie eine Furie ging der Mann auf mich los. Und das nur, weil ich ihm – allerdings sehr deutlich – zu verstehen geben musste, dass man seine Notdurft nicht im Dom verrichtet. Weil er mich daraufhin verprügeln wollte, habe ich ihn am Kragen gepackt und zur Tür befördert. Ein Kollege, der mich mit diesem Typ kämpfen sah, hat mir geholfen. So bin ich gerade noch mit ein paar blauen Flecken davongekommen. Anfang des Jahres hatte sich sogar jemand in der Weihnachtskrippe niedergelassen. Auch den haben wir – noch rechtzeitig – bei seinem Geschäft stören können! Aber zum Glück sind so etwas ja Ausnahmen. Bei dieser Gelegenheit muss ich mal sagen, dass wir Schweizer zusammenhalten und uns gegenseitig beschützen. So manchen von uns hat dieser kollegiale Beistand schon vor dem Krankenhaus bewahrt.

Brotkrümel für den Kardinal

Wir fragen uns allerdings manchmal, was sich der eine oder andere unserer Dombesucher so denkt. Zum Beispiel der Mann, der neulich die Messe störte und sich so merkwürdig benahm, dass wir ihn ein bisschen näher beäugten. Was machte der am Grab des Heiligen Engelbert? Es sah ganz so aus, als stecke er etwas in die Ritzen des Sarkophags. Aber was nur? Nun, schließlich gestand er, es seien Brotkrümel. Denn in dem Grab befinde sich doch der sehr verehrte Herr Kardinal Höffner, und das Domkapitel würde ihn da drin verhungern lassen.

Fromme Hunde

Bekanntlich dürfen Tiere nicht mit in die Kathedrale. Trotzdem kommt es vor, dass ein Besucher einen Hund mit hineinschmuggeln will. Neulich erst, da

hatte eine Frau ihren kleinen Zwergpudel unter der Jacke versteckt. Aber – Schweizeraugen sind wachsam – uns kann man nicht so schnell täuschen. »Der Hund ist doch auch ein Geschöpf Gottes«, heißt es dann. Und weil wir diese Antwort schon kennen, haben wir unsere Erwiderung darauf: »Wenn er das Vaterunser aufsagen kann, dann darf er rein.« Ich hoffe nur, dass nicht mal einer auf die Idee kommt, mit einem Papagei zu erscheinen...
Vor ein paar Wochen kam ein junger Mann mit einem Riesenköter. Mit erhobenem Arm wies ich die beiden an, den Dom zu verlassen. Doch da hätten sie mal den Köter sehen sollen! Wie von der Tarantel gestochen jagte er mich durch die Kirche. Er hatte meine Armbewegung wohl falsch gedeutet. Ich kam ohne Biss und nur mit einem Schrecken davon. – Domschweizer ist eben ein Beruf mitten im prallen Leben!

Dabei haben wir ja nichts gegen Hunde. Im Gegenteil. Einem Hund haben wir es sogar zu verdanken, dass dem Weihwasser des Kölner Domes Heilkräfte zugesprochen werden. Wie mir zu Ohren kam, hatte eine Familie sich während einer Dombesichtigung mit Weihwasser für daheim versorgt. Doch als ihr Hund unterwegs schlapp machte, gaben sie ihm davon zu trinken – nach dem Motto »Wasser ist Wasser«. Und was meinen Sie, was geschah? Wuschel, der

schon seit Wochen unter so starken Magenbeschwerden litt, dass selbst die Medizin des Tierarztes nicht helfen konnte, ward von Stund an gesund. – So hat man mir es jedenfalls erzählt.

Angst vor Mäusen

Aber es gibt noch andere tierische Geschichten vom Dom. Vor ein paar Jahren rannten plötzlich lauter weiße Mäuse durch das Gotteshaus. Als die Domschweizer hinter ihnen her jagten, um sie einzufangen, während Frauen aufgeregt durcheinander schrien, weil sie Angst hatten, geschah an einer anderen Ecke etwas recht Ungewöhnliches: Ein Mann kettete sich an einer der Kirchenbänke an, um gegen die Ungerechtigkeit in der Welt zu protestieren. Fortan interessierte sich keiner der Besucher mehr für die Kostbarkeiten des Domes, sondern nur noch für diesen Sonderling, der die Mäuse vorher natürlich absichtlich losgelassen hatte, um von sich abzulenken – mit großem Erfolg. In solch einer heiklen Angelegenheit musste wohl oder übel die Polizei zu Hilfe kommen. Die hat den Mann von der Bank losgeschweißt und mitgenommen. Die Mäuse waren nicht so schnell wieder eingefangen.

»Adam und Eva« auf dem Altar

Es muss wohl einen gewissen Reiz ausüben, nackt durch den Dom zu rennen. So wie vor einiger Zeit.

Der Mann war nur mit Strümpfen bekleidet, die Sachen lagen verstreut im Dom. Vor kurzem zog sich sogar eine Frau während der Messe nackt aus. Wie sich herausstellte, wollte sie darauf aufmerksam machen, dass sie zur Prostitution gezwungen wurde.

Was sich da aber kürzlich ereignete, das war schon von anderer »Qualität«. Die Zeitungen berichteten am nächsten Tag in dicken Schlagzeilen: Adam und Eva nackt im Dom! Die Domschweizer waren gerade mal wieder damit beschäftigt, weiße Mäuse einzufangen, die offensichtlich jemand freigelassen hatte, um sie abzulenken, als sie von aufgeregten Dombesuchern alarmiert wurden. Ein Pärchen habe sich als »Adam und Eva in eindeutiger Pose« vor dem Hauptaltar aufgebaut, die entscheidenden Stellen nur mit einem Feigenblatt drapiert. Ein Fotograf fotografierte die Szene. Als sie zum Tatort eilten, waren Fotograf und Darsteller geflohen. Der Skandal war perfekt.

Glück hatten die Akteure dieser geschmacklosen Aufführung mit ihren Fotos jedoch nicht. Das Erzbistum erwirkte mit einer einstweiligen Verfügung ein Veröffentlichungsverbot. Hätten sie dagegen verstoßen, wäre ein Ordnungsgeld von bis zu 500000 Euro fällig gewesen. Das Gericht folgte dem Argument der Kirche, nach dem der Fotograf durch seine Aktion »bewusst die katholische Kirche verhöhnt und beschimpft« habe. Und das Ende der Geschichte: Der Fotograf und das männliche Aktmodell, ein 32-jähriger

Maschinenschlosser, wurden zu Bewährungs- bzw. Geldstrafen verurteilt. Die Frau, eine 23-jährige arbeitslose Verkäuferin, kam mit einer Verwarnung davon. Sie hatte Glück, denn die Richter glaubten ihrer Reue. Sie habe nicht gewusst, dass sich das ganze gegen die Kirche gerichtet habe.
(Die Akteure haben ihr zweifelhaftes Unternehmen später noch einmal versucht – soweit die Ergänzung zum Thema Einsicht und Reue.)

Ein Zeppelin mit Weihnachtsmann

Eigentlich müssten wir Schweizer immer ein paar Baldrianpillen in der Tasche haben. Zur Beruhigung, versteht sich. Denn es vergeht kaum ein Tag, an dem unsere Nerven nicht auf die Probe gestellt werden. Kamen da doch kurz vor Weihnachten ein paar Besucher die Treppen vom Turm heruntergerast. Ich dachte schon, sie hätten gewettet, wer am schnellsten wieder unten ist. Ein Zeppelin sei über den Weihnachtsmarkt auf dem Roncalliplatz geschwebt, berichteten sie. Na und? wollte ich schon fragen, als das »dicke Ende« noch kam: Danach – sei er ganz dicht am Nordturm vorbeigefahren, an Bord ein fröhlich winkender Weihnachtsmann. Die Turmbesucher hätten einen Heidenschreck bekommen. Einige seien in Panik gewesen. Unsere Kollegen, die den Turm beaufsichtigen, hatten bereits die Dombaumeisterin benachrichtigt. Nicht auszudenken, wenn der Zeppelin den Turm geschrammt hätte. Vor allem: Wie leicht kann sich Gestein lösen! Unsere Gerüstbauer sind wahre Meister und wissen genau, an welchen Stellen sie mit Samthandschuhen vorgehen müssen – und wie problematisch falsche Handgriffe sein können. Aber das, was uns viel mehr Sorgen bereitete als möglicher Schaden am Dom: Passanten hätten durch herabfallende Brocken verletzt oder gar getötet werden können. (Die Staatsanwaltschaft hat auf die Strafanzeige nicht reagiert.)

Lieber zum Beichtvater

Unsere Schweizer-Kollegen vom Turm haben sowieso einen ziemlich schweren Dienst. Eigentlich müssten sie als Psychologen ausgebildet sein, um gerecht entscheiden zu können, wen sie überhaupt zur Turmbesteigung zulassen und wen sie lieber unten behalten. Ist der Mann, der so finster dreinschaut, ist die Frau mit dem trüben Blick gar ein Selbstmordkandidat? Keiner nennt die Zahl derer, die im Laufe der Jahre da schon voller Verzweiflung hinunter gesprungen sind, und ich verrate sie Ihnen auch nicht. Inzwischen macht ein Gitter es sehr kompliziert, wenn nicht gar unmöglich, sich vom Südturm in die Tiefe zu stürzen. Also mein Rat: Vertrauen Sie sich lieber einem unserer wirklich hervorragenden Beichtväter an. Ich sage Ihnen: Die sind Experten bei aussichtslosen Situationen.

Greenpeace auf dem Turm

Die Adleraugen der Turm-Schweizer müssen aber auch erspähen, wer vielleicht Protest im Schilde und Spruchbänder unter seiner Jacke mit sich führt. Das ist zumindest genauso kompliziert wie mit den Selbstmördern. Denn man kann niemandem hinter die Stirn schauen, und es gibt hervorragende Schauspieler unter den zum Protest Entschlossenen.

So wie die damals von Greenpeace. Sie hatten ganz harmlos ein Gruppenticket für 76 Mark gelöst. Wie es ihnen gelang, eine ganze Bergsteigerausrüstung und riesige Spruchbänder unbemerkt an der Turmaufsicht vorbeizuschmuggeln, ist schon eine Leistung. Aber wenn 28 durchtrainierte junge Leute die Treppen hinaufsteigen, wer denkt da schon an Unbill! Dass da etwas nicht stimmte, fiel erst auf, als sich die Gruppe auf der Aussichtsplattform keineswegs für das schöne Köln aus der Vogelperspektive interessierte, sondern ihre mitgebrachten Utensilien auspackte.

In Windeseile warfen die Männer mit einer Art Angel ein paar Fangleinen hinüber zum Baugerüst am Nordturm, und einige hangelten sich per Flaschenzug hinüber. Die übrigen Turmbesucher waren starr vor Schreck und alarmierten die Domschweizer, die wiederum den damaligen Dombaumeister alarmierten. Der stieg schließlich zu den Protestlern hinauf und versuchte, sie zum Aufgeben zu bewegen. Ihr

Handeln sei verantwortungslos. Doch die sahen das anders und ließen sich nicht von ihrem Vorhaben abbringen, den Menschen von den Türmen des Kölner Domes per Transparent ihre Botschaft publikumswirksam zu verkünden.
Und die war dann gegen Mittag auf drei Spruchbändern zu lesen, die zwischen Nord- und Südturm flatterten: »Der Mensch ist nicht Gott – Stoppt Genmanipulationen – Greenpeace«. Der starke Wind dort oben bewirkte, dass sich ein Spruchband verhedderte, so dass die ganze Angelegenheit noch viel gefährlicher wurde.

Domtürme sind keine Protestplattform

Recht hatten sie ja, diese Leute, mit ihrem Spruch. Mir hat er richtig aus der Seele gesprochen. Und ihr Appell hätte sicherlich auch von jedem unserer Geistlichen Herren stammen können. Aber den Dom als Protestplattform? Für so etwas ist er nicht geeignet, erst recht nicht, wenn Kletterer darin herumturnen. Ganz davon abgesehen, dass sie abstürzen könnten, machen sie sich nicht klar, wie schnell Figuren brechen und Gesteinsbrocken nach unten fallen, so dass womöglich Passanten getroffen werden.
Und wie die Sache weiter ging? Nun, die Polizei sperrte vorsichtshalber das Hauptportal ab, damit eventuell herabfallende Steine niemand verletzen konnten. Dann holten die Beamten die Protestler vom

Turm. Greenpeace jedenfalls bekam hinterher ganz schön Ärger – und natürlich leider auch die gewünschte Aufmerksamkeit der Medien. Wahrscheinlich waren die mit ihrer Aktion sehr zufrieden. Wir Domschweizer hatten noch tagelang viele Besucherfragen zu beantworten. Aber das sind wir ja gewöhnt.

Handstand auf der Turmspitze

Doch auch früher war das Leben eines Domschweizers vor Überraschungen solcher Art nicht sicher. Man schrieb das Jahr 1928. Es war gerade Karneval in Köln, als sich draußen vor dem Dom die Menschen scharten und fasziniert nach oben zur Spitze des Südturmes blickten. Einige schienen den Atem anzuhalten, und hin und wieder war ein erstauntes »Oh« zu hören. Was geschah da oben? Viele konnten es kaum fassen. Turnte da doch ein Mann in Höhe der Kreuzblume fröhlich herum, kletterte von Kreuzblumenblatt zu Kreuzblumenblatt und schwenkte übermütig eine Fahne ganz im Takt eines Karnevalsorchesters, das sich vor dem Dom trommelnd durch die Massen schob. Und als sei das alles noch nicht atemberaubend genug, machte dieser Mann zum Schluss auch noch einen Handstand auf dem Blitzableiter.
Der Mann erreichte nach seiner artistischen Schau doch tatsächlich unversehrt wieder den Boden unter den Füßen. Unten war bereits die Polizei angerückt. Die nahm den waghalsigen Turner erst einmal mit

aufs Revier, wo die Personalien notiert wurden: Hans Meyer, 19 Jahre alt, Beruf: Kaufhausdetektiv.

Blumen von der Polizei

Danach – ja, danach war der Dienst habende Polizeioffizier weniger Polizist als mehr Mensch: Er gratulierte dem Artisten von der Domspitze mit einem Blumenstrauß und servierte ihm Kaffee und Kuchen. Allerdings erlaubte es das Gesetz nicht, dass der so Hochgelobte ungeschoren davonkam. So erhielt er eine Strafe von 50 Mark – sehr viel Geld für die damalige Zeit. Bezahlt hat er aber nicht selbst, denn das hat ein Graf Arco für ihn getan, der sein Kunststück vom Domhotel aus beobachtet und bewundert hatte. Übrigens soll Hans Meyer noch sechsmal Handstand auf der Turmspitze gemacht haben – die Strafe habe er aber nie aus eigener Tasche bezahlen müssen.

Wie er auf die ausgefallene Idee gekommen war, die Domtürme für seine artistischen Kunststücke zu benutzen? Er hatte mit einem Schauspieler namens Alfred Torge, der in einem Kölner Kino mit Sensationsdarstellungen für einen Film warb, eine dementsprechende Wette abgeschlossen. Doch Torge war, als es ernst wurde, nicht erschienen. So konnte Hans Meyer mit seinen Künsten alleine glänzen. Er starb vor etlichen Jahren – eines ganz natürlichen Todes. Zum Glück hat sich kein Nachahmer eingefunden.

Mit Vollgas gegen die Himmelspforte

Erstaunlich, für wie viele Menschen der Kölner Dom offenbar Dreh- und Angelpunkt ihres Lebens ist. So zum Beispiel für einen 31-jährigen Mann. Der hatte Liebeskummer und obendrein 1,1 Promille im Blut. Und statt dass er daheim in seine Kissen schluchzt oder sich mit einer anderen tröstet, was macht er? Er setzt sich in sein Auto, einen Austin mini, rast nach Köln, wartet, bis es Mitternacht ist, und – fährt mit Vollgas frontal gegen das Hauptportal unseres Domes – ausgerechnet gegen unsere gute *Porta Coeli*, die Himmelsforte. Dreimal! Dann gab sein Auto den Geist auf. Die Himmelspforte blieb ohne einen Kratzer. Da sieht man eben, von welch guter Qualität sie ist – gegen irdische Attacken offenbar gefeit.

Ehrlich gestanden: Der Mann hatte mein tiefstes Mitgefühl. Ein schlechter Charakter war er ganz bestimmt nicht. Denn am nächsten Tag tat ihm sein *Ausraster* der vergangenen Nacht leid. Er hat sich beim Kölner Domkapitel entschuldigt. Und das Domkapitel hat auf eine Anzeige verzichtet, da ja kein Schaden am Dom entstanden war. Ob die Braut sich umstimmen ließ, ist mir leider nicht bekannt.

Flammen und viel Ruß

Eigentlich gibt es keinen Tag im Jahr, an dem der Dom verschlossen bleibt. Es sei denn, dafür gibt es ernsthafte Gründe, so wie vor ein paar Jahren. Sie glauben wohl, ich phantasiere, aber es ist Tatsache: Hatte da doch ein Mann mitten in unserer schönen Kathedrale ein Feuer angezündet. Wir konnten gar nicht so fix rennen, so rasend schnell breiteten sich Flammen und Rauch aus. Und wenn der liebe Gott es nicht gefügt hätte, dass ausgerechnet zu diesem Zeitpunkt ein Malteser-Sanitäter in der Nähe war, der gerade erst einen Feuerlösch-Kurs absolviert hatte, wäre Schlimmeres passiert. Aber so konnte der junge Mann mit ein paar fachmännischen Lösch-Stößen die Flammen ersticken. Trotzdem war der Schaden beträchtlich: Unsere schöne Kathedrale sah plötzlich aus wie in schummriges Dämmerlicht getaucht, denn eine dicke Rußschicht bedeckte Wände, Skulpturen, Altäre, Gemälde, Bänke und Fenster, so dass unsere Putzfrauen dagegen machtlos waren und mehrere Tage lang Verstärkung durch acht Restauratoren und Steinmetzen benötigten. Sollten Sie als Dombesucher neben kostbaren Kunstwerken auch rote längliche Gebilde entdecken, dann handelt es sich nicht um unpassende oder überflüssige moderne Kunst, sondern um Feuerlöscher. Aus Schaden sind wir klug geworden und haben seitdem ihre Anzahl erhöht. Der Mann übrigens, der das Feuer angezündet hatte, wollte über seine Motive nur mit dem KGB oder mit der CIA sprechen. Wie Sie daraus messerscharf schließen können, war er für seine Tat nicht zur Verantwortung zu ziehen…

Geschenke für die Schmuckmadonna

Anziehungskraft auf fromme Beter hat unsere Schmuckmadonna aus dem späten 17. Jahrhundert. Sie ist zwar klein, aber nicht zu übersehen. Denn vor ihr breitet sich von früh bis spät ein riesiges Kerzenmeer aus. Und es gibt wohl keine Minute am Tag, dass dort nicht Menschen knien. Menschen, die zur Arbeit gehen oder von der Arbeit kommen und einen Moment innehalten wollen. Mütter mit ihren Kindern, Reisende, die für einen Augenblick ihren Koffer abstellen, um den Segen der Himmelskönigin zu erflehen. Verzweifelte, Weinende, Dankbare. Sie alle vertrauen sich ihr an und fühlen sich bei ihr verstanden und aufgehoben.

An einem 15. August vor ein paar Jahren kamen wir aus dem Staunen nicht heraus. Es war Mariä Himmelfahrt. An diesem Tag kommen immer besonders viele Besucher. Doch diesmal waren es wirklich sehr viele. Sie drängelten sich dicht an dicht vor unserer Schmuckmadonna, berührten ihre Vitrine und die Steine, auf denen sie steht, hielten ihre Geldbörsen und Brieftaschen dagegen und wuschen sich und ihre Kinder mit Weihwasser. Sie versteckten Geldscheine in Nischen und unter den Kerzen. Jeder hatte etwas mitgebracht, das er andächtig und ehrfürchtig niederlegte. Nach einer Stunde wölbte sich ein riesiger Berg Spenden vor der Schmuckmadonna: Handtücher, Bettlaken, Taschentücher, Pakete von Mehl und Zucker, Kuchen, Torten, Eier, Schinken, einer hatte sogar eine Kiste mit Hühnern hingestellt. Und alles war eingerahmt von einem Meer von Kerzen.

Ganz klar, dass wir Domschweizer unseren Dompropst benachrichtigten. Im Gespräch mit den Besuchern klärte er das Geschehen auf: Denn am 15. August, an Mariä Himmelfahrt, feiern Zigeuner den Abschied von der Gottesmutter. Da sie eine besondere Liebe zum Schmuck hegen – all ihre Habe tragen sie in Form von Schmuck bei sich – fühlen sie sich zu der Kölner Schmuckmadonna auf besonders innige Weise hingezogen. So kommen sie an diesem Tag von überall her nach Köln, um Maria am Fest ihrer leiblichen Aufnahme in den Himmel Geschenke mit auf den Weg zu geben. Schließlich geht sie nach ihrer Vorstellung auf eine weite Reise, auf die man Proviant mitnehmen muss. Zigeuner empfinden dies besonders nach, da sie sich ja selbst als Reisende auf dieser Welt sehen.

Und sind wir Christen nicht letztlich alle Reisende? Josef Freiherr von Eichendorff hat es in einem wunderschönen Vers so formuliert:

Die Welt mit ihrem Gram und Glücke
will ich, ein Pilger, froh bereit
betreten nur wie eine Brücke
zu Dir, Herr, übern Strom der Zeit.
MORGENGEBET, 1814

Abends, wenn der Dom schließt, bleibt die Muttergottes mit den vielen großen und kleinen Gaben zurück. Vor zwei Jahren befand sich ein geschlachteter Hammel darunter, letztes Jahr waren es gackernde Hühner. Ein Madonnen-Verehrer hatte sogar ein lebendes Schaf mitgebracht. »Wir haben zwar genügend Hirten, aber leider nicht genügend Gras!« Mit diesen Worten konnte er dazu überredet werden, das Tier besser wieder mitzunehmen. Die vielen Geschenke und die großen und kleinen Geldscheine – unter den Kerzen und in den Nischen versteckt – werden zum Abschluss eingesammelt und im Einvernehmen mit den Spendern an Bedürftige verteilt.
In diesem Jahr klappte die Organisation zum erstenmal von Anfang an trotz der großen Zahl der Besucher reibungslos, weil alle Beteiligten inzwischen aus Erfahrung klug geworden sind: Der Andrang war mit Absperrgittern in geregelte Bahnen gelenkt worden, die großzügigen Gaben haben Helfer zwischendurch immer wieder eingesammelt und weggeräumt, so dass es Platz für neue gab, und das Weihwasser stand in Fläschchen abgefüllt für alle zum Mitnehmen bereit – 5 000 Stück haben soeben ausgereicht.

Wem gehört der Dom?

Seit heute morgen gehört der Dom mir. Und das kam so:
Als ich gegen sieben über den Domplatz ging, war ein Pflastermaler gerade dabei, seinem Beethoven die Haarmähne zu gestalten. Ich blieb stehen, um mir das Kunstwerk aus der Nähe anzusehen. Da schaute der Künstler mit strahlendem Lächeln zu mir auf, grüßte freundlich und meinte mit einer ausladenden Armbewegung: Ich schenke Ihnen den Dom!
Wem gehört nun der Dom? Dem Pflastermaler? Mir? Dem Erzbischof oder dem Dompropst, dem Domkapitel, dem Dompfarrer, dem Erzbistum, dem Papst? Alles falsch. Prälat Norbert Trippen, Professor für Kirchengeschichte und Spezialist für die Geschichte des Erzbistums Köln, sagt in Prälat Erich Läufers Buch »Gottes Gotisches Haus am Rhein« (J.P. Bachem Verlag 1998), diese Frage sei eine typische Fangfrage in einem juristischen Staatsexamen. Weil sie ziemlich tückisch sei und von fast allen falsch beantwortet werde.

Der Dom ist eine Kathedrale, in der die Kathedra, der Bischofsstuhl des Erzbischofs von Köln, steht.

Aber deswegen gehört der Dom nicht dem Erzbischof bzw. dem Kardinal. Der ist nur Gast in seiner Kathedrale, seiner Bischofskirche. Der Dompropst – als Vorsitzender des Domkapitels – übt das Hausrecht aus, aber auch er besitzt nicht den Dom. Und das Domkapitel erhält und verwaltet lediglich den Dom und fungiert als Repräsentant der Hohen Domkirche zu Köln.

Einnehmende Erzbischöfe

Der Dom ist eigentlich der »Herr Dom«, denn er ist eine eigene Rechtspersönlichkeit. Im Grundbuch liest man: Der Dom gehört der »Hohen Domkirche in Köln«. Dass das so ist, dürfen wir einer Jahrhunderte langen Entwicklung zuschreiben, wie man ebenfalls in den Ausführungen des Kölner Kirchenhistorikers Professor Norbert Trippen nachlesen kann. Denn im Mittelalter waren die Erzbischöfe nicht so bescheiden wie die heutigen. Sie versuchten, die Eigentumsfrage immer wieder zu ihren Gunsten zu entscheiden. Aber da hatten sie die Rechnung ohne das Domkapitel gemacht. Denn das glaubte selber, der Eigentümer des Domes zu sein. Es berief sich dabei auf eine Schenkung des Kölner Erzbischofs Gunthar im Jahre 866, der eine Reihe von kirchlichen Gütern »in das Recht und die Verwaltung der Kanoniker« überschreiben ließ. Und dazu gehörte nun auch der Dom.

Als die Franzosen 1794 das Rheinland heimsuchten, wurde der kirchliche Besitz aufgehoben, das Erzbistum aufgelöst – und der Dom? Der wurde zu einer ganz gewöhnlichen Kölner »Hauptpfarrkirche« herabgestuft. Die Franzosen behaupteten jetzt, der Kölner Dom gehöre zu ihrem Staatsbesitz.

Doch dabei blieb es nicht. 1815 wurde das Rheinland preußisch. Und 1821 kam der Preußische Staat mit dem Vatikan überein, das Erzbistum Köln wiederherzustellen. Die alten Eigentumsrechte am Dom blieben jedoch unbestätigt. Formal war jetzt der Preußische Staat der Besitzer. Aber der nahm seine Rechte nicht in Anspruch. Und so beließ man es.

Nach Jahrhunderte langer Bauzeit war der Dom im Jahre 1880 endlich fertig gestellt. Preußen erklärte die Kirchengemeinden generell mit allen Pflichten und Rechten zu Eigentümern ihrer Kirchen, die durch einen Rechtsvorstand verwaltet werden sollten. Da der Dom ebenfalls Pfarrkirche für den Dompfarrbezirk war, galt dies auch für ihn. Hier besorgte das Domkapitel rechtlich die Verwaltung.

Auf einen kurzen Nenner gebracht, ist es heute wie praktisch schon seit Jahrhunderten: Die Hohe Domkirche ist Eigentümerin des Domkirchengebäudes. Und da die »Hohe Domkirche« für sich nicht handeln kann, handelt für sie das Domkapitel – und für das Domkapitel der Dompropst.

Wenn mich einer fragt, dann sage ich: Der Dom gehört sich selbst. Er hat sogar eine eigene Hausnummer. Und wenn Sie ihm schreiben wollen, dann bitte an:
Herrn Petrus Dom, Domkloster 4, 50667 Köln.

Was Touristen gern wissen möchten

Der Dom ist für die Kölner ganz einfach – nein, nicht »der Dom«, sondern – »dr Dom«. Einen Spitznamen hat er nicht.
Die Bauleute haben beim Bau des Domes keine Nägel verwendet, sondern die Blöcke mit Dübeln und Blei verbunden.
Die beiden vorderen Domtürme sind 157,38 Meter hoch. Allerdings stimmt das nicht ganz, denn der rechte Turm, der Glockenturm, ist sieben Zentimeter kleiner.
Die Westfassade des Domes ist mit ihren 7000 Quadratmetern die größte Kirchenfassade der Welt.
Die Fundamente des Domes ragen 15 Meter tief in die Erde.
Der Dom hat zwölf Portale, dazu noch rund 100 kleinere Türen. Zu ihrem Öffnen reichen fünf Schlüssel aus.
Der Dom hat 10000 Quadratmeter Fensterfläche. Wenn man alle Fensterflächen zusammenlegen würde, wären es zwei Fußballfelder.
Wer sich über die goldenfarbenen Holzstäbe hinten links oben neben der Schmuckmadonna wundert: Es

ist Brauch, jedes Mal solch einen Stab aufzuhängen, wenn sich die Einführung des amtierenden Erzbischofs jährt. Wer die Stäbe nachzählt, erfährt, wie lange der derzeitige Erzbischof im Amt ist.
Niemand weiß, woher diese Tradition stammt. Es ist aber bekannt, dass sie im Jahre 1587 schon existierte. In einer Aufzeichnung des Utrechters Arnoldus Buchelius heißt es: »Ich sah auch hier Stäbe aufgehängt, die die Jahre des Erzbischofs anzeigen. Nach alter Sitte werden Jahr für Jahr die Stäbe von einem Chorknaben aufgehängt, dem auf Lebenszeit sein Bedarf an Brot und Wein vom Erzbischof gestellt wird.«

Unser Goldstück – der Schrein

Manche sagen zu ihm respektlos *Kiste* und zu den Gebeinen der Heiligen Drei Könige *Knochen.* Aber diese Leute haben noch nichts davon gehört, dass es sich bei dem Dreikönigsschrein um die kostbarste mittelalterliche Totenlade des Abendlandes handelt. Lästerzungen behaupten, der Dom wurde nur gebaut, um diesem prächtigen Schrein ein ebenso prächtiges Zuhause zu schaffen. Das stimmt natürlich nicht. Wir sagen höchstens, dass unsere einzigartige Kathedrale einen würdigen Rahmen für den kostbaren Schrein darstellt. Für uns Schweizer ist es jedenfalls eine große Ehre, dass wir in der Nähe seines Goldglanzes arbeiten dürfen.

Dabei ist der heutige Schrein längst nicht mehr der, der er ursprünglich war. Immer wieder hat er in den vergangenen Jahrhunderten Spitzbuben angezogen, die ihm Perlen und kostbare Steine raubten. Dies sah das Domkapitel mit großer Sorge. Es fürchtete auch die französischen Truppen, die sich zu Napoleons Zeiten in Köln aufhielten und mit dem ehrwürdigen Dom nicht gerade zimperlich umgingen. Sie könnten Gefallen an dem einzigartigen Totenhaus finden und es nach Paris holen. Also wurde der Schrein im Jahr 1794 auseinandergebaut und nach Arnsberg in Sicherheit gebracht. Doch nicht nur Spitzbuben und Franzosen waren ihm gefährlich: Weil es damals schon an nötigem Geld mangelte, sollen angeblich auch einzelne Teile verkauft worden sein. Als der Schrein 1804 zurückgeholt und wieder zusammengesetzt wurde, fehlten ihm jedenfalls ganze vierzig Zentimeter.

Nach den alten Plänen

Der Kölner Goldschmied Fritz Zehgruber und sein Schüler Peter Bolg machten sich 1961 an die Arbeit und rekonstruierten das weltberühmte Werk. Als Grundlage dienten ihnen historische Pläne, nach denen die mittelalterlichen Goldschmiede Nikolaus von Verdun und seine Nachfolger gearbeitet hatten – damals ab 1181 rund 40 Jahre lang. Jetzt brauchten die Künstler 13 Jahre, um den Schrein wieder in seine ursprüngliche Form, Größe und Schönheit zu bringen. Einstmals gestohlene Dachteile des alten Schreins, die heute in Wiener und New Yorker Museen zu bewundern sind, erhielten die Kölner leider nicht zurück. Sie konnten nur nach Fotos arbeiten. Aus feuervergoldetem Silberblech schufen sie neue Apostel- und Engelsfiguren. Sie ersetzten fehlende Köpfe und Rümpfe, mehr als 1000 einst entwendete Edelsteine und unzählige Perlen und machten Veränderungen,

die im Laufe der Jahrhunderte vorgenommen worden waren, wieder rückgängig. So mussten Köpfe ausgewechselt werden. Philippus zum Beispiel bekam von Paulus sein Haupt zurück, und Johannes musste den Kopf an Philippus abgeben, damit die alte Kopf-Ordnung wieder hergestellt war.
So fachmännisch erneuert, funkelt und glänzt der Dreikönigsschrein heute heller als in alten Zeiten, denn er ist nun von Halogen- und Glasfaserlicht wirkungsvoll angestrahlt – beherbergt in einer Vitrine aus entspiegeltem, zweieinhalb Zentimeter dicken Glas.
Zum Glück brauchen wir Schweizer uns keine grauen Haare wachsen zu lassen aus Angst, ein Räuber könnte sich wieder an unserem kostbaren Stück vergreifen. Denn jeder Verbrecher wird sich an dem Schrein jetzt die Zähne ausbeißen, weil er durch raffinierteste Alarmtechnik geschützt ist. Manche Touristen fragen, welchen Wert er hat. Ehrlich gestanden: Das weiß von uns keiner. Aber der muss wohl so enorm hoch sein, so dass sich das Domkapitel über die Versicherungssumme ausschweigt... Auch zum Wegtragen ist der Schrein zu schwer, denn er wiegt 500 Kilo. Bleibt die uns am meisten gestellte Frage:

Liegen denn da wirklich die Gebeine der Heiligen Drei Könige drin?

Genau genommen weiß das keiner so richtig. Aber als der Kölner Erzbischof Rainald von Dassel, Reichskanzler unter Friedrich Barbarossa, im zwölften Jahrhundert die Reliquien als Kriegsbeute aus Mailand an den Rhein mitbrachte, war das gar keine Frage. Da war das Tatsache – und Köln damit neben Santiago de Compostela, Rom und Aachen einer der größten Wallfahrtsorte der Christenheit. Bis zum 16. Jahrhundert pilgerten alle deutschen Herrscher nach ihrer Krönung in Aachen erst einmal zu ihren »Heiligen Kollegen« nach Köln, um Geschenke zu bringen und sich von ihnen den Segen geben zu lassen. Die heutigen »Herrscher« kommen, wenn sie den Dom besuchen, eher aus kunsthistorischem Interesse.

Übrigens: Die Heiligen Drei Könige haben in ihrem kostbaren Schrein Gesellschaft von drei weiteren, allerdings weniger bekannten Heiligen: Es sind die Reliquien der Märtyrer Nabor und Felix sowie Gregor von Spoleto.

Nabor und Felix waren zwei römische Legionäre aus dem Heer des Maximinianus Herkuläus. Sie wurden, wie Aufzeichnungen aus dem fünften Jahrhundert belegen, um das Jahr 300 enthauptet, weil sie Christen waren. Zusammen mit den Dreikönigs-Reliquien brachte sie Rainald von Dassel im zwölften Jahrhundert von Mailand nach Köln.

Gregor von Spoleto war ein Priester, der um das Jahr 300 in Spoleto den Märtyrertod starb. Erzbischof Bruno von Köln (925 bis 965) ließ die Reliquien in den Kölner Dom übertragen.

Der Segen der Könige

Im Mittelalter verließ wohl kein Pilger den Dom, bevor er sich nicht vom Dreikönigsschrein den Segen geholt hatte. In langen Prozessionen zogen die Gläubigen unter dem Schrein hindurch und berührten ihn mit der Hand – in der festen Überzeugung, dadurch Schutz und Segen zu erlangen. Bis heute ist es Brauch, Heiligenfiguren oder Gegenstände, die den Heiligen zugeschrieben werden, zu berühren. Wer den Petersdom in Rom besucht hat, wird es wahrscheinlich vielen Millionen Menschen gleich getan und den Fuß der Petrusfigur angefasst haben, der vom vielen Berühren schon ganz silbrig glänzt und kleiner geworden ist.

Loss »jonn«

Zugegeben, hin und wieder lausche ich mit einem Ohr unseren netten Domführerinnen und Domführern. Einige sind schon sehr lange dabei und kennen jeden Winkel und jede Anekdote. Zum Beispiel Hannemarie Valder. Die erzählt gern, dass auch der Kölner Humor sowie der Kölner Karneval durchaus nicht vor den Domtüren halt machen. So zum Beispiel habe die prächtige Schwalbennestorgel im Langschiff des Domes nicht nur 4000 Pfeifen, sondern auch einen ganz speziellen Knopf. Der trägt die Aufschrift: *loss jonn.* Wenn der Organist diesen Knopf zieht, erklingt die Melodie *Mer losse dr Dom en Kölle.* Aber nicht nur das: eine Klappe öffnet sich, und die Figur eines freundlichen Domherrn, eine Narrenkappe auf dem Kopf, kommt zum Vorschein. Wer genau hinschaut, der kann erkennen, dass diese Figur unserem alten Dompropst Bernard Henrichs nicht ganz unähnlich ist. Kein Wunder, denn erstens hat er viel Humor, und zweitens ist er Träger des »Ordens wider den tierischen Ernst«. Aber dieser kleine Gag ist sicherlich auch ein originelles Dankeschön an ihn. Denn jeder weiß, wie vehement er sich bei allen Instanzen – von der Denkmalpflege bis hin zum Ministererlass – dafür eingesetzt hat, dass es die schöne Schwalbennestorgel im Dom heute gibt.

Mit etwas Phantasie lässt sich im Dom auch noch eine weitere Parallele zur Kölner traditionellen *Fünften Jahreszeit* ziehen. Beim Betrachten des Klarenaltares – er ist einer der bedeutendsten Flügelaltäre des 14. Jahrhunderts in Deutschland – findet man eine ungewöhnliche Darstellung: Das Jesuskind wird gebadet. Während Maria es hält, gießt ihm der Heilige Josef einen Eimer Wasser über den Körper. »Das Jesuskind in der Bütt«, sagen die Kölner dazu – wobei Bütt nicht nur Waschtrog, sondern gleichzeitig die Bezeichnung für das Pult der Büttenredner im Karneval ist. – All diese *kleinen Dinge* sind es, die dem Kölner Dom neben seiner einzigartigen kulturhistorischen und religiösen Bedeutung den besonderen Charme verleihen. Für den Besucher gilt es, sie zu entdecken.

Ratsherren auf dem Altarbild

Hannemarie Valder weiß – und besonders netten Gästen erzählt sie es auch – wo sich auf dem wunderschönen Lochner-Altarbild ein kleiner Hirschkäfer versteckt. Sie kennen ihn doch wohl, den Altar in unserer Marienkapelle, das Werk des großen Meisters der Kölner Tafelmalerei, das um 1450 entstand? Wer es betrachtet, kann sich kaum vorstellen, dass Stephan Lochner einst Kölner Ratsherr war. Und weil er das war, hat er den Figuren auf dem Altarbild die damalige Kleidung seiner Ratskollegen angezogen. Vielleicht konnte sich der eine oder andere auch in den dargestellten Männern wiedererkennen.

Stellen Sie sich so etwas heute vor – vielleicht ein Altarbild im Berliner Dom, auf dem die Dargestellten die Kleidung – oder gar die Köpfe – unserer Berliner Politiker tragen, fein geordnet und abgezählt nach Parteien und Proporz!
Ursprünglich hatte Stephan Lochner den Altar für die Rathauskapelle gemalt. Dort war er so aufgestellt, dass sich das Chorgestühl der Ratsherren in der Verlängerung des Bildes befand, so dass die Männer der Politik sich der Schar der dargestellten Heiligen nahtlos anschlossen. So konnten sie in den

Lobgesang der Heiligen mit einstimmen und – bevor sie über die Geschicke ihrer Stadt entschieden – mit Unterstützung der Göttlichen Mutter und der Kölner Stadtpatrone, der Heiligen Ursula und des Heiligen Gereon, den Himmlischen Vater um Seinen Segen bitten.

Der Kölner Mäzen Wallraf brachte im 19. Jahrhundert während der Säkularisierung den kostbaren Altar in Sicherheit. Wo immer er ihn versteckt hielt, darüber gibt es viele Varianten. Später überließ er ihn dem Kölner Dom mit der Auflage, dass täglich vor dem Altar das Heilige Messopfer gefeiert werden solle.

Der Lochner-Altar mit der Mutter Gottes im Zentrum überzeugt bis heute durch seine einzigartige Aussagekraft. In ihrer Krone übrigens spiegeln sich die Konturen des gotischen Rathauses von Köln, ebenso auf den Uniformen der dargestellten Thebäer, die vom Heiligen Gereon angeführt werden. Sie starben den Märtyrertod, weil sie in Köln die Christen nicht töten wollten. Zu den Füßen der Gottesmutter blühen Blumen als Symbol der Tugenden. Die Erdbeeren sollen die Früchte der Seligen sein, werden aber auch als Blutstropfen gedeutet, die den bevorstehenden Kreuzestod Christi symbolisieren. Die Heiligen Drei Könige sind nicht wie sonst üblich hintereinander angeordnet, sondern – erstmals und ungewöhnlich damals – um die Mutter Gottes herum. Manch ein Besucher hat daher große Mühe, sie alle drei zu entdecken.

Dürer war beeindruckt

Stephan Lochner war längst an der Pest gestorben, da interessierte sich ein berühmter Kollege für sein Meisterwerk: Albrecht Dürer. Als er in Köln weilte, wollte er unbedingt den wunderschönen Marienaltar sehen. Für das Öffnen des Tryptichons hat ein Schweizer dem großen Meister doch tatsächlich zwei Silberlinge abgeknöpft. Dürer soll von dem Kunstwerk sehr beeindruckt gewesen sein. So haben ihn die zwei Silberlinge wahrscheinlich nicht gereut.

Ein Lied für die Madonna

Heinrich Heine hat der Lochner-Madonna sogar ein Gedicht gewidmet, weiß Frau Valder ihren erstaunt lauschenden Besuchern zu berichten. Auch Robert Schumann und seine Frau Clara hätten vor diesem Altar gesessen, als gerade die Sonne ein paar Strahlen herüberschickte, so dass die Farben des Werkes besonders intensiv leuchteten. Da sei Schumann ganz ergriffen aufgestanden und habe nach eben diesem Heine-Text ein Lied gesungen. Vor der Lochner-Madonna soll er auch die Eingebung zu seiner berühmten Rheinischen Sinfonie gehabt haben.
Es muss schon was Besonderes dran sein an diesem Marien-Altar. Denn als die Enkel von Richard Strauß

während eines Dom-Besuches davor standen, seien sie ebenfalls so ergriffen gewesen, dass sie begeistert und inbrünstig das Schumann-Lied gesungen hätten.

»Good morning, Mr. President«

Aber auch heute kommen berühmte Leute in den Dom. Wenn so ein Weltwirtschaftsgipfel in Köln stattfindet, dann haben nicht nur die Kneipen in unserer Umgebung Hochbetrieb. Ja, klar war Clinton in der Malzmühle! Die Zeitungen haben darüber berichtet. Aber Clinton hat auch unseren Dom besucht und tatsächlich »Good morning, Sir« zu mir gesagt. Und ich, ich habe »Good morning, Mister President« geantwortet. Einer meiner Kollegen war ganz clever. Er hat dem amerikanischen Präsidenten die Karten vom Dom entgegengehalten, und als der stehen blieb, hat er sogar ein Autogramm bekommen. Dafür hat mir Frau Gorbatschow zugewinkt. Denn Gorbatschow und Helmut Kohl, Tony Blair, Mitterrand, der Kaiser von Japan, also der Tenno, und viele berühmte Schauspieler waren auch schon hier, und ich glaube, es gibt so schnell keinen Politiker oder Künstler, der nicht schon andächtig vor den Heiligen Drei Königen gestanden hat. Der norwegische König zum Beispiel auch. Der wollte vom Bahnhof mit dem Zug abfahren. Doch auf einmal habe er kehrt gemacht und sei schnellen Schrittes in den Dom geeilt. Jedenfalls stand er plötzlich bei uns drin und fragte nach dem Dreikönigsschrein. Wir waren vielleicht perplex! Im Laufe der Zeit haben wir uns aber auch an solche Überraschungsbesuche gewöhnt.

Alarmstufe rot

Aber was meinen Sie wohl, welch ein Zirkus veranstaltet wird, wenn ein prominenter Besuch angekündigt ist. Wenn auch sonst Hunde nicht in den Dom hineindürfen – bei Polizeihunden wird eine Ausnahme gemacht. Die können sich ja auch gut benehmen und heben nicht irgendwo am Beichtstuhl ihr Bein... Dafür schnüffeln sie ganz dienstlich, ob da irgendwo etwas Gefährliches versteckt ist. Besucher werden wie auf dem Flughafen nach Waffen untersucht. Nicht einmal eine Schere dürfen sie dabei haben. Und wehe, da steht irgendwo ein einsamer Koffer herum!

Neulich stand da mal einer. Obwohl kein hoher Besuch in Aussicht war, herrschte Alarmstufe rot. Schließlich ist ein Menschenleben ein Menschenleben, ob prominent oder nicht. Vor Gott sind wir sowieso alle gleich. Um besagten Koffer wurde ein Sicherheitsabstand geschaffen, die Polizei kam, und bevor sie eine Sprengung eingeleitet hatte, erschien eine verängstigte Japanerin. Sie habe ihre Sachen abgestellt, weil sie fotografieren wollte.

DOM

In solchen Fällen brauchte ich zum Abreagieren erst einmal ein Kölsch. Das geht aber nicht, denn stellen Sie sich vor, welchen Eindruck unsere Besucher bekommen würden, wenn unsere Auskunft »Die nächste Beichtmöglichkeit ist um 14:00 Uhr« von einer Alkoholfahne begleitet wäre. Selbst im tiefsten Winter, wenn im Dom so 20 Grad minus herrschen, wir unsere Wollenen drunter haben und das Weihwasser gefroren ist, müssen wir ein wärmendes *Jäckchen*, sprich *Kognäckchen*, auf den Feierabend vertagen.

Auch die Unterwelt liebt den Dom

Wo viel Licht ist, da ist auch Schatten, heißt es bekanntlich. Das muss wohl schon immer so gewesen sein, denn unser Dom hat in den vergangenen Jahrhunderten nicht nur glanzvolle Hochämter, sondern auch eine Menge »Unterwelt« erleben müssen. Doch auch unter dem so genannten *lichtscheuen Gesindel* gibt es viele, denen der Dom heilig ist.
Haben Sie zum Beispiel schon mal etwas von Schäfers Nas gehört? Nein?
Schäfers Nas ist inzwischen gestorben und ganz bestimmt im Himmel. Denn er ist wohl die einzige Unterweltgröße der Stadt Köln, für die ein Dompropst während eines Hochamtes persönlich gebetet hat. Und das kam so.
Eines Tages im Jahre 1995 war die ganze Stadt – ob katholisch oder nicht – in Aufregung. Ein dreister Dieb hatte das schlimmste Sakrileg begangen, das man in Köln begehen kann: Er hatte den Dom beraubt. Selbst in Verbrecherkreisen ist solch eine Tat verpönt. Geschehen war es, als meine Kollegen in der Schatzkammer wegen Besucherandrangs so beschäftigt waren, dass sie ihre Augen nicht überall haben

konnten. Also schraubte jemand blitzschnell ein silbernes Vortragekreuz aus dem 19. Jahrhundert auseinander. Dann versteckte der Dieb es offenbar so gut unter seiner Jacke, dass er es unbemerkt aus der Schatzkammer forttragen konnte. Das Kreuz, das aus der Zeit um 1880 stammt, ist – was seinen materiellen Wert betrifft – nicht besonders kostbar. Aber es hat einen unschätzbaren ideellen Wert. Das Entsetzen war dementsprechend groß. Das Domkapitel versprach für die Wiederbeschaffung eine Belohnung von 3000 Mark.

Aber was sich keiner träumen ließ: Das Kreuz war schneller wieder da, als ganz Köln es fassen konnte. Und die 3000 Mark Belohnung hat das Domkapitel sogar gespart. Denn schon am Nachmittag jenes denkwürdigen Tages, an dem es gestohlen wurde, rief ein Kölner Journalist bei Dompropst Henrichs an und eröffnete ihm: »Ich weiß, wie das Kreuz sich wiederbeschaffen lässt.« Die Spur führte mitten hinein in Kölns Unterwelt zu Schäfers Nas – so benannt, weil sein Gesicht von einer besonders großen Nase geschmückt war. Nach seinem Beruf befragt, pflegte er stets freimütig zu bekennen: »Ich habe da so ein paar Pferdchen laufen« – was den Dompropst zunächst zu der Annahme verleitete, er habe einen Rennstall. Schäfers Nas also habe dem Journalisten versichert, dass das Kreuz »spätestens morgen« wieder da sein werde, wenn nicht, sei es in England. – Es

war zum Glück noch nicht in England, sondern Schäfers Nas erschien zu einem vereinbarten Termin beim Herrn Dompropst, einen Plastikbeutel unterm Arm. »Hier«, habe er nur gesagt und auf den Plastikbeutel gewiesen, in der sich das vermisste Kreuz befand. Auf die Frage, wie er es so schnell herbeigezaubert hätte, habe er nur gemeint: »Ach, so'n Lümmel, fängt grad an. Ich weiß nicht, wer das ist.« Die Tasche mit dem gesuchten Inhalt habe irgendwo in einer Ecke gestanden, da hätte er sie abgeholt. Und dann habe Schäfers Nas noch hinzugefügt: »Den Dom beklaut man nicht.« Auf den Hinweis, dass ihm nun 3000 Mark Belohnung zustehen, sagte er kurz und bündig: »Vom Dom nimmt man nichts, dem Dom gibt man höchstens.« Dompropst Henrichs bot ihm daraufhin an, im Hochamt am nächsten Sonntag für seine Seele zu beten. Dazu habe Schäfers Nas freudig gesagt: »Aber bitte auch für meine Frau.«

Ein Gebet für Schäfers Nas

Das Hochamt am darauf folgenden Sonntag wurde daher das wohl außergewöhnlichste seit langem: Die Messdiener trugen das – auf solch abenteuerliche Weise zurückgekehrte – silberne Kreuz vor sich her, das sonst nur für den Erzbischof aus der Schatzkammer geholt wird. Statt der Predigt erzählte Dompropst Henrichs der erstaunten Gemeinde die abenteuerliche Geschichte vom gestohlenen und wiedergefundenen Vortragekreuz. »Ein Herr« habe ihm das Kreuz zurückgebracht, sagte er. »Ich kannte Herrn Schäfer vorher leider nicht, aber er muss wohl in bestimmten Kreisen eine bedeutende Stellung haben.« Und er fügte mit einem Bezug auf das Lukas-Evangelium hinzu, dass all jene glücklich zu schätzen seien, für die ein Gebet mehr wert ist als eine Belohnung von 3000 Mark. Selbstverständlich gedachte die Domgemeinde anschließend im Fürbittengebet des »Herrn Schäfer und seiner Frau«. – Herr Schäfer allerdings konnte an dem Hochamt leider nicht teilnehmen, weil er »dienstlich in der Schweiz unterwegs sei«. Übrigens: Kurze Zeit darauf verstarb dieser ungewöhnliche Mann, der als »Schäfers Nas« fortan nicht nur zur Geschichte von Kölns Unterwelt, sondern auch zur Geschichte des Kölner Domes gehört.

Der Traum eines Domschweizers

Ich bin nicht der liebe Gott, nicht der Kardinal und auch kein Prälat. Ich bin ein Domschweizer, ein Hausmeister des lieben Gottes, und ich bin es gern. Was ich da täglich zu tun habe, ist oft recht profan, oder sagen wir alltäglich: wenn ich Mützen von den Köpfen fege, Taschendiebe jage oder Touristen klar mache, dass es im Dom keine Millowitsch-Kapelle – und auch nicht (trotz gegenteiliger scherzhafter Behauptungen) das Grab von Tünnes und Schäl gibt.
Aber das ist ja nur die eine Seite. Auf der anderen gibt es die vielen Menschen, die in unseren Dom kommen, um Gott die Ehre zu erweisen, um zu singen und zu beten, oder um nur ganz still in sich zu gehen.
Der heilige Pfarrer von Ars erzählt eine Geschichte, die veranschaulicht, worin das Geheimnis dieses stillen Betrachtens besteht: In seiner Pfarrei lebte ein Mann, der frühmorgens vor der Arbeit auf dem Feld stets in die Kirche ging. Ein Nachbar wunderte sich darüber und fragte ihn eines Tages: Was machst du da immer so lange? Darauf antwortete der Gefragte: »Ich schaue den lieben Gott an – und der liebe Gott schaut mich an.«

Heute nennen wir das Kontemplation. Vom Wortsinn her bedeutet es: in den Tempel eintreten, in die Sphäre des Heiligen, den Blick auf das Himmlische gerichtet, um nichts anderes zu tun, als still auf Gott hinzuschauen. – Dies gibt es viel häufiger als unsere geschäftige, lärmende Welt es vermuten lässt.
Was wir Domschweizer tun, ist letztlich nichts anderes, als dafür zu sorgen, dass den Betern der Raum zu dieser Kontemplation erhalten und die Würde des Gotteshauses gewahrt bleibt – mitten im Trubel der Touristen, die sich vor allem an dem herrlichen gotischen Prachtwerk erfreuen, das der Dom nun mal ist, und an den wunderschönen Kunstwerken, die er beherbergt.
Ich liebe meine Arbeit im Dom, und manchmal, wenn der Besucherstrom abebbt und Zeit zum Atemholen ist, dann fällt mir Vers 4 des Psalms 27 ein, in dem es heißt:

> *Eines bitte ich vom Herrn, das hätte ich gerne: / Ich möchte bleiben im Hause des Herrn mein Leben lang, / zu schauen die schönen Gottesdienste des Herrn / und seinen Tempel zu betrachten.*

Sagen Sie ehrlich: Habe ich nicht den schönsten Beruf der Welt?